Ferdinand von Saar

Thassilo - Tragödie in fünf Akten

Ferdinand von Saar

Thassilo - Tragödie in fünf Akten

ISBN/EAN: 9783744655231

Hergestellt in Europa, USA, Kanada, Australien, Japan

Cover: Foto ©ninafisch / pixelio.de

Weitere Bücher finden Sie auf **www.hansebooks.com**

Thassilo.

Tragödie in fünf Acten

von

Ferdinand von Saar.

Heidelberg.
Georg Weiß, Verlag.
1886.

Thassilo.

Von demselben Verfasser sind im gleichen Verlage erschienen:

Gedichte.

Preis: geh. 3 Mark 60 Pf. — eleg. geb. 5 Mark.

Kaiser Heinrich IV.

Dramatisches Gedicht in zwei Abtheilungen.

I. Hildebrand. — II. Heinrichs Tod.

Zweite Auflage in einem Bande. Preis: 4 Mark.

Die beiden de Witt.

Trauerspiel in fünf Acten.

(Zum ersten Mal aufgeführt am Hofburgtheater in Wien).

Zweite Auflage. Preis: 2 Mark 20 Pf.

Tempesta.

Trauerspiel in fünf Acten.

Preis: 2 Mark.

Novellen aus Oesterreich.

Inhalt: **Innocens. — Marianne. — Die Steinklopfer.
Die Geigerin. — Das Haus Reichegg.**

Preis: geh. 4 Mark 20 Pf. — eleg. geb. 5 Mark 40 Pf.

Drei neue Novellen.

Inhalt: **Vae victis! — Der „Excellenzherr". — Tambi.**

Preis: geh. 3 Mark. — eleg. geb. 4 Mark 20 Pf.

Thassilo.

Tragödie in fünf Acten

von

Ferdinand von Saar.

Heidelberg.

Verlag von Georg Weiß.

1886.

Dem Andenken meiner Gattin

Melanie,

geb. Lederer.

† 26. Juli 1834.

Personen.

Karl, König der Franken.

Thassilo, Herzog der Baiern.

Luitberga, Tochter des entthronten Longobardenkönigs Desi=
    derius, seine Gemahlin.

Aribo von Andechs,
Machelm auf Velas,
Suitgar von Abensberg, } Gauherren in Baiern.
Adelbert vom Traungau,
Ingilwan, des letzteren Sohn,

Meligo, Burggraf von Regensburg.

Jdwin, } Thassilo's Feldhauptleute.
Gawin,

Rotrudis, Wittwe Grifo's, eines natür= } am Hofe
    lichen Sohnes Karl Martell's,   } zu Regensburg.

Rothar, ihr Sohn.

Kanzler Eginhard,
Gerold, ein fränkischer Feldherr, } im Gefolge Karl's.
Gailo, Marschalk,

Wittekind.

Romuald, ein edler Longobarde.

Tutun, ein Avarenhäuptling.

Worado, Vogt der Veste Penting am Lech.

Ein Edelknappe Thassilo's.

Gerbirga, im Dienste der Herzogin.

Fränkische und baierische Edle und Mannen. Gefolge Witte=
kind's. Herolde und Heerbläser. Edelknechte. Kämmerlinge.
Frauen der Herzogin.

Die Handlung geht in Baiern zur Zeit Karl's des Großen
vor sich.

Erster Act.

Regensburg. Große Halle, welche der Breite nach durch zwei mächtige Rundbogen getheilt ist und sich weit nach rückwärts verliert. Dort befindet sich in der Mitte der Haupteingang; zu beiden Seiten Zugänge aus den inneren Gemächern. Im vorderen Raume eröffnen sich, gleichfalls durch Rundbogen markirt, rechts und links Gänge, von welchen angenommen wird, daß sie zu den betreffenden Seitenflügeln der Burg führen. Im Vordergrund rechts leiten einige Stufen zu einer Nebenhalle empor, welche hinter der Scene befindlich gedacht wird. Ganz vorn links ein Erker mit Aussicht in's Freie; ein massiver Tisch und ebensolche Stühle darin. An den Pfeilern Waffen und Trophäen. Es ist Morgen.

— —

Erste Scene.

Meligo. Idwin. Garwin.

Idwin.

Ein Longobard', sagst Du?

Meligo.

Ich stand gerade
An jenem Erkerfenster dort und blickte
Gedankenvoll dem Herzog nach, wie er

Auf ſeinem weißen Hengſt im Wald verſchwand:
Da tönte naher Huffchlag, und der Mann
Von Alboins Volke hielt beſtäubt am Thor.

Gawin.

Wohl Einer von den Edlen, die dem Prinzen
Nach ſeines Vaters Sturz in das Exil
Am Bosporus gefolgt.

Idwin.

    Was kann er bringen?
Vom fernen Bruder Grüße an die Fürſtin —

Meligo.

Je nun, wer weiß!

(Idwin lacht.)

    Du lachſt — ſo wie zum Hohn;
Ich aber höre doch die Hoffnung durch.

Idwin.

Hoffnung? Worauf?

Meligo.

    Daß endlich Du Dein Schwert
Zum Kampfe gen die Franken brauchen könnteſt!

Idwin.

Die Hoffnung kenne ich nicht mehr — ſo heiß
Sie einſt auch meine Bruſt durchglüht.   Der Herzog
Hat ſie zu oft enttäuſcht.   Es mögen And're
Sein Thun und Laſſen noch zurecht ſich legen.
Mein Haupt iſt grau; ich bin der Narr nicht länger,
Der ſich mit Räthſeln quält.

Gawin.

    Was ließe ſich

Auch jetzt noch thun, da König Karl bereits
Weithin als stolzer Ueberwinder thront —
Und selbst die Sachsen, langer Kämpfe müd',
Sich seinem Scepter knirschend unterworfen?
Das ist gescheh'n und läßt sich nicht mehr ändern;
Bedauern kann man höchstens, daß der König
Bei seinen Zügen ganz vergessen hat,
Sich uns'rer Waffen gleichfalls zu bedienen —
Die Kämpen Baierns sind nicht zu verachten.

Meligo.

Gawin!

Gawin.

      Ach was! Ich sage: es ist besser,
Im Heer des Franken eine Welt erobern,
Als hier in halber Freiheit zu versauern.

(Nach dem Gange rechts blickend.)

Doch seht, da kommt die Fürstin mit dem Boten.

Idwin.

Und nicht sehr freudig, wie man merken kann.

(Sie ziehen sich in die Vorhalle zurück, wo sie noch eine Weile
sichtbar bleiben und dann abgehen.)

—

Zweite Scene.

Luitberga und **Romuald** treten aus dem Gange rechts.

Luitberga.

O schweig', ich bitte Dich! Mein Adalgis,
Mein armer Bruder, soll sich nur bescheiden

Im edlen Schutz der Kaiserin Irene
Und nichts von seinem Schwestermann erwarten —
Am besten ist's, Du meldest, er sei todt.

Romuald.

Fürwahr, es fehlt Dir nur der Wittwenschleier,
Daß ich dies selber glaubte — so umwölkt
Von düst'rem Harme seh' ich Dich vor mir.

Luitberga.

O wär' er mir gestorben! Was sind Thränen
Um Todte? Labsal! Das empfind' ich erst,
Seit ich Lebend'ge zu beweinen habe.

Romuald.

So wär' es also wahr, was das Gerücht —

Luitberga.

O Romuald!

Romuald.

Nein sprich, daß ich es fasse!
Denn wenn jemals ein Fürst als Jüngling schon
Zukünft'ger Heldengröße Wetterleuchten
Auf einer königlichen Stirne trug:
So war es Thassilo.

Luitberga.

Er war's! — Du weißt,
Halb war ich Jungfrau schon und halb noch Kind,
Als jener Sohn Pipin's, der damals eben
Im Aufgang seiner Siegerlaufbahn stand,
Bei meinem Vater Desider erschien,
Den Frieden anzubahnen mit dem Papst,

Zu dessen Schutz er nach Italien
In raschem Zuge aufgebrochen war.
An uns'rem Hofe gab es nur Bewund'rung
Für ihn und das hochstrebende Geschlecht,
Das kühn, im Vollgefühle junger Kraft,
Der Merowinger Thron bestiegen hatte —
Wer konnt' auch damals uns'res Hauses Fall
Durch jenen hochwillkommnen Mittler ahnen! —
Und Mancher sah in ihm den Werber auch,
Den stolz erwünschten, schon um meine Hand.
Doch mir mißfiel, ich wußte nicht warum,
In Wort und Miene der breitnack'ge Franke.
Dir ist ein and'rer Held, als der, bestimmt,
So sprach ich im Geheimen zu mir selbst —
Und ruhig harrt' ich, daß er mir erschien.

Romuald.

Und da kam er —

Luitberga.

Kam, treuer Romuald,
Mit seiner Glieder Hoheit und mit Augen
Wie die des Hirsches ruhig, klar und stolz —
Und in mir rief es gleich mit tausend Stimmen:
Das ist der Held, von dem du still geträumt!

Romuald.

So war es auch der Welt, die damals schon,
In's Fleisch getroffen von den ersten Hieben
Der Frankenkralle, sich nach Rettung umsah:
Als plötzlich Thassilo, am fränk'schen Hof
In schnöder Vormundschaft herangewachsen,

Mit seinem Bann das Heer Pipin's verließ
Und, unbekümmert um des Oheims Zorn,
Von seiner Väter Land Besitz ergriff.
Verjüngt schien Agilolfs Geschlecht mit ihm
Zu stolzer Herrlichkeit empor zu blüh'n —
Und wie kein anderes bestimmt zu sein,
Die schnöden Heristaler in die Schatten
Der einst'gen Niedrigkeit zurück zu drängen.

Luitberga.

So schien's! So schien's! Und ich, die von des Po's
Umblühten Ufern freudig ihm gefolgt
Bis zu der Donau graulichem Gewässer:
War stolz auf ihn und seiner Zukunft Größe,
Wie es kein Weib noch war auf ihren Gatten!

Romuald.

Dein Auge glänzt und rosig fällt ein Strahl
Aus jener Zeit Dir auf die blasse Wange.

Luitberga.

Da stirbt Pipin. Und so, als wäre jetzt
Jedweder Anlaß zur Erneuerung
Des alten Zwistes plötzlich hingeschwunden;
Als hätt' des Oheims letzter Odemzug
Den heil'gen Funken in des Neffen Brust,
Der jetzt und jetzt zur Flamme werden sollte,
Mit schwachem Hauch für immer ausgeblasen:
Sieht Thassilo, vergleichbar einem Kinde,
Das still mit großen Augen sich ergötzt
An irgend einem Schauspiel, harmlos zu,

Wie Karl alsbald mit rüstigem Beginnen
Die schwindelnden Gedanken seiner Väter
Auf Siegesschwingen der Erfüllung zuträgt.
Des eig'nen Volkes wachsendem Erstaunen,
Dem Hülferuf, den aus der Knechtschaft Noth
Die Thüringer und Alemannen schon
Voll Ungeduld an ihn ergehen lassen,
Setzt er ein Lächeln der Verwunderung,
Der tief enttäuschten Gattin stummem Schmerz
Verletzende Gleichgiltigkeit entgegen —
Und zuckt nicht einmal in Entrüstung auf,
Als meines Vaters Reich zertrümmert wird!

Romuald.

Seltsam — sehr seltsam; doch vielleicht, daß ihm
Bis jetzt die Stunde günstig nicht geschienen —

Luitberga.

Ich möchte mich damit vertrösten können!
Doch hör' — und staune, wie er es von sich weis't,
Den Pipiniden feindlich anzugreifen,
Selbst wenn der sicherste Erfolg ihm winkt. —
Ein Jahr kaum ist es her, daß, hart bedrängt
Vom alten Hasse stets der Omajjaden,
Die Abbassiden sich von Spanien aus
An König Karl um Schutz und Hülfe wandten.
Zwar hatte dieser eben einen Kampf
Mit Wittekind begonnen, der damals
Noch aufrecht wie der Schlachtengott, zu dem
Er betete, in stolzer Freiheit stand —

Saar, Thassilo.

2

Gereizt jedoch vom unverhofften Vortheil,
Der sich sogleich dem Geierblick des Franken
Bei jenem fernen Zwiste offenbarte:
Zog Karl auch ungesäumt, dem Sachsenvolk
Ein kleines Heer nur gegenüber lassend,
Den Pyrenäen zu. — Um jene Zeit
Erschienen vor dem Herzog Thassilo
Zwölf Abgesandte des Avarenvolkes,
Das, zahllos wie der wüste Sand der Steppe,
Mit seinen kleinen, langbemähnten Rossen
Bis hoch hinauf zum Pruth und Dnjestr wohnt,
Und sprachen also: „Abulgasi läßt Dir,
Der große Chagan, seinen Gruß entbeu'n,
Und fordert Dich, den nachbarlichen Fürsten,
Zu einem Zug auf gen den Frankenkönig.
Weithin hat der jetzt seine Macht zersplittert,
Und wenn ein rascher Sturm aus Osten braus't:
Zerbläs't er sie wie leichte Mittagswolken,
Die hier und dort am blauen Himmel stehn."

Romuald.

Und Dein Gemahl —?

Luitberga.

Erwiderte: „„Ob Ihr
Und Euer großer Chagan Ursach' habt,
Den Frankenkönig feindlich anzugreifen,
Das weiß ich nicht und mich bekümmert's nicht,
Kann also weder sagen: thut's, noch: laßt's!
Das aber weiß ich, daß er niemals mir

Grund oder Anlaß gab, mich gegen ihn
Zu kehren — ſei's allein, ſei es im Bund
Mit einem Zweiten. Und ſo ſeht Ihr wohl,
Daß ich mit Euch nicht kann Gemeinſchaft machen.""

Romuald.

Das ſagte er?

Luitberga.

Du hörſt's. D'rauf die Avaren:
"Nun alſo, Herr, wenn Du ſchon ſelber Dich —
Was wir bedauern — unſ'rem Zuge nicht
Vereinen willſt, ſo öff'ne wenigſtens
Dein Land uns, daß wir raſch und unvermuthet
Auf unſ'ren Roſſen durch die wald'gen Päſſe
Uns nach Auſtraſien ergießen können." —
""Was fällt Euch ein? Ich Euch mein Land eröffnen?
Das wäre ſo, als zög' ich ſelber mit.
Schlagt Euch im Norden durch die Slavenvölker,
Durchbrecht im Süden die Friaul'ſchen Berge —
Und wenn Ihr das nicht wollt, ſo ſchwimmt mein'twegen
Ueber die Adria mit Eu'ren Katzen!""
Da zogen ſie enttäuſcht, mißmuthig heim,
Indeſſen Karl den Omajjaden meiſtert —
Und alles Land herwärts des Ebro noch
Als ſpan'ſche Mark dem Frankenreiche fügt.

Romuald (nach einer Pauſe).

Ganz unbegreiflich — in der That. Und dennoch
Iſt es mir jetzt, als ſollt' ich noch nicht Alles
Verloren geben, eh' ich ſelbſt ihn ſprach.

2 *

Luitberga.

Du wirſt es ſehen, wie er Dich empfängt!

(Hinter ſich blickend.)

Doch ſtill jetzt, ſtill! Wir ſind nicht mehr allein.

———

Dritte Scene.

Rotrudis und **Rothar** ſind mittlerweile im Hintergrunde aufgetreten
und nach vorn gekommen.

Rotrudis.

So früh ſchon hier? — Sieh' da, ein fremder Gaſt!

(Zu Romuald.)

Suchſt Du den Herzog etwa, Freund? Der iſt
Im Walde draußen — um zu jagen, meinſt Du?
Nein: (ironiſch) um zu lauſchen, wie die Vögel ſingen
Und Lüfte ſtill durch dunkle Wipfel geh'n!

Luitberga (ſtolz, wie verwandelt).

Haſt Du, Rotrudis, jemals ihn begleitet,
Daß Du ſo gut Beſcheid darüber weißt?

Rotrudis.

Begleitet? Nein. Auch nicht mein Sohn Rothar —
Doch hat er es nicht ſelbſt erzählt und noch,
Als wollt' er damit prahlen, beigefügt:
Ihm ſei nicht um die Beute — um den Ritt nur,
Den einſam ſtillen, durch die Waldesfrühe?

Luitberga.

Nun und?

Notrudis.

Geh' mir mit dieser stolzen Frage!
Die Gluth der Scham schlägt Dir im Antlitz auf.
Glaubst Du, man weiß nicht, wie Du selbst im Tiefsten
Verabscheu'st Deines Gatten zahmes Treiben,
Und daß die Waffen Dir ein Gräuel sind,
Die hier, vom Rost beschlichen und umwoben
Von grauen Spinnen, in der Runde feiern?

Luitberga.

Wenn Du das weißt, dann ziemt's Dir um so wen'ger,
Davon zu sprechen.

Rothar (rasch und leise einfallend).

O wer könnte schweigen,
Wenn er gewahrt, wie dieses dunkle Aug',
Bestimmt ein süßes Feuer auszustrahlen,
Sich täglich mehr umflort? Wie dieser Mund,
Der wie kein anderer geschaffen scheint,
Durch holde Liebesworte zu beglücken,
Sich mit der Wange mehr und mehr entfärbt
Und, herb geschlossen, tiefen Gram verbirgt?

Luitberga.

Man merkt es, daß Du älter wirst, Rothar;
Denn Deine Frechheit wächst von Tag zu Tag.
Doch bist Du immer noch, ich seh's, nicht mündig,
Da Du nicht einmal im Gedanken Dich
Von Deiner Mutter loszutrennen weißt.
Zu ihr hab' ich gesprochen, nicht zu Dir.
Jetzt aber sei's zu Deinem Trost gesagt:
Wär' auch mein Auge brennender als Dein's,

Es hätte dennoch keinen Blick für Dich,
Und dieser Mund, der Dir so bleich erscheint,
Er hätt' auch roth und warm für Dich kein Lächeln.

Rotrudis.

Da hast Du es, mein Sohn! Verstehst Du sie,
Die Longobardin? Selbst des Blickes unwerth
Hält Dich ihr Hochmuth — und vergißt dabei,
Daß Du, wenn gleich nur eines Bastard's Sohn,
Ein Enkel bist des großen Karl Martell,
Ein Vetter doch des allgewalt'gen Helden,
Vor dem ihr Gatte im Gefühl der Ohnmacht
Sich in die Regensburg verkrochen hat.

Luitberga.

Nimm Dich in Acht, Rotrud!

Rotrudis.

Kannst Du es leugnen?

Ein Sklav', ein Feigling ist er — und das einer
Von den erbärmlichsten! Denn seine Schwäche
Trägt er zu Markte als Erhabenheit.
Ha, wie Du zuckst! Ich habe Dich getroffen.
Senk' nur den Blick, der eben erst so stolz
Vor meinem Sohne sich gebäumt! Sieh' ihn
Doch an, wenn er Dir's noch gestatten mag!

Luitberga.

Zu viel! Zu viel!

Rotrudis.

Da wirst Du Alles finden,

Was Du an Thassilo vergeblich suchst:
Hoheit des Sinnes, schwer gezähmten Muth,

Des Blutes Drang und rasche Leidenschaft —
Und tödtlich grimmen Haß gen König Karl!
Freilich fehlt diesem armen Jüngling hier,
Was Deinem Gatten unnütz ward gegeben:
Ein tapf'res Volk, das er bewehren könnte
Und es zum Sieg oder zum Tode führen.
Wär' er der Herr des Landes, wo er jetzt
Ein schmählich Gnadenbrot zu essen hat:
Er ständ' nicht hier, und hätte sich schon längst
Sein Recht erkämpft!

Luitberga (sich gewaltsam fassend).

Mag sein; doch ist er's nicht.

—

Vierte Scene.

Thassilo erscheint am Eingang.

Thassilo (hinter sich rufend).

Im Walde liegt ein Bär; er hatte sich
Mir heute drohend in den Weg gestellt.
Schafft ihn herein und nehmt ihm Fell und Tatzen,
Das And're vor die Hunde!

(vorkommend.)

Grüß Euch Gott! —

Nun, Luitberga, nicht im Zwingergarten?

Rotrudis.

Daß Du doch täglich fragst! Du könntest es
Schon wissen, daß sie nicht hinunter geht.

Thassilo.

Und das ist schade; denn dort wär' ihr Platz,
Bei stillen Blumen und im Licht der Sonne —
Von bösen Menschen fern und ihren Worten.

(Er betrachtet Netrudis und Rothar forschend und bedeutsam; wie er sich
wendet, fällt sein Blick auf Romuald, der sich schon in der früheren
Scene mit Zeichen unwilligen Erstaunens etwas zurückgezogen hat.)

Wen seh' ich da? Das ist ein Longobard' —
Ich glaube, dies Gesicht ist mir bekannt.

Romuald.

So ist's, mein Fürst: Du sahst mich zu Pavia,
Als Du um Desider's erlauchte Tochter
Zu werben kamst.

Thassilo.

Du nennst Dich?

Romuald.

Romuald.

Thassilo.

Ja, ja; ganz richtig — jetzt entsinn' ich mich.
Und was führt Dich hierher?

Romuald.

Ich komme von
Byzanz mit Grüßen meines Herrn, des Prinzen,
An die geliebte Schwester, Deine Gattin.
Vor allem aber bin ich hier, um Dich
Zu seh'n.

Thassilo.

Um mich zu seh'n? Je nun, ich muß
Es glauben, da Du's sagst. Doch das, mein Freund,

Wird sich des weiten Weges kaum verlohnen.

Du siehst in mir nur eben einen Mann,

Der ißt und trinkt und schläft, wie jeder and're.

Doch da Du nun schon hier bist, sei willkommen.

Luitberga (zu Rotrudis und Rothar).

Laßt uns allein!

Rotrudis (spöttisch).

Ja, ja; wir gehen schon.

(entfernt sich langsam mit Rothar.)

Thassilo (sieht den Beiden eine Weile nach, dann ruft er mit
starker Stimme):

Rothar!

(Rothar und Rotrudis kommen zurück; zur Letzteren:)

Dich rief ich nicht, nur Deinen Sohn.

(Rotrudis nach kurzem Besinnen ab. Thassilo lenkt Rothar ganz in den
Vordergrund rechts, während sich Luitberga im Eifer auf einen Stuhl
niederläßt; Romuald hinter ihr stehend.)

Thassilo (nachdem er Rothar eine Zeit lang mit verschränkten
Armen betrachtet hat).

Was willst Du eigentlich?

Rothar.

Die Frage, denk' ich,

Hätt' ich an Dich zu richten.

Thassilo.

Nun, Du hörst

Es ja; ich möchte wissen, was Du willst?

Rothar.

Ich faß' Dich nicht.

Thassilo.

So muß ich mich erklären.

Sieh', wenn da Einer mit hochmüth'ger Stirn,
Gehob'nen Brauen, vorgeſchob'ner Lippe
Einhergeht und mit überleg'nem Lächeln
Die Achſeln zuckt zu Anb'rer Thun und Laſſen —
Dann wieder antheillos in's Blaue ſtarrt,
Als ſuch' er in den Wolken ſeines Gleichen:
So merken wir, der Menſch iſt nicht zufrieden,
Und fragen endlich, was er haben will.

Rothar.

Es ſcheint, daß Du mich nur verhöhnen willſt.

Thaſſilo.

Das Höhnen überlaſſ' ich anb'ren Leuten. —
Nun weiß man wohl am Ende, was Dich drückt,
Weiß, daß ein unverſchuldetes Geſchick
Der Jugend hellen Horizont Dir trübt,
Und ehrte willig einen edlen Schmerz,
Wenn er ſich ſtill in deinem Antlitz wieſe.
Doch dieſes Dreh'n und Wenden, um zu zeigen,
Du ſei'ſt ein Anb'rer, als Du ſcheinen könnteſt;
Dies vorwurfsvolle Aeugeln mit dem Unrecht,
Das man an Euch begangen — dieſe Sucht,
Selbſt mit der kleinen Zehe auszudrücken,
Daß eine Krone Dir auf's Haupt gehöre:
Wird nachgerade widerlich — und ſieh',
Mein Weib nicht einmal wird dadurch beſtochen.

Rothar.

Ha!

Thaſſilo.

Darum rath' ich Dir: thu' all dies ab.

Vergessen könnt' ich sonst, daß einst Dein Vater —
Freilich aus Haß gen seinen Bruder nur
Und nicht aus Lieb' für Herzog Otilo —
Der Kampfgenoß des meinen einst gewesen,
Und müßte endlich auf ein Mittel sinnen,
Vor frechen Knaben — und vor ihren Müttern
Im eig'nen Hause Ruhe mir zu schaffen.

(Da Rothar mit einer raschen Bewegung an sein Schwert greift.)

Laß, laß — und trübe nicht den Glanz des Griff's
Mit Deiner heißen Hand! Du hast gehört mich —
Und, wie ich glaube, auch ganz gut verstanden.
Nun lebe wohl!

Rothar

(kämpft mit dem Drange, heftig zu erwidern, bezwingt sich jedoch und
geht rasch ab, nachdem er einen wuthenden Blick auf Thassilo geschleudert,
der sich ruhig dem Erker nähert).

Luitberga.
Was hattest Du mit ihm?

Thassilo.
Nichts von Bedeutung.

(Setzt sich.)

Also Romualt,
Erzähl' uns jetzt von Deinem Herrn. Wie findet
Am üpp'gen Griechenhof sich unser Bruder?
Gewiß so wohl, als man in seinen Jahren
Sich's irgend wünschen kann. Von Fest zu Fest,
Von Lust zu Lust — und dennoch nie erschöpft;
Den Tag vertändelt und die Nacht durchschwelgt,
Und doch am Morgen ohne Schlaf und Mißmuth —

Und wenn ihn Etwas drückt, ſo iſt es dies:
Daß er, der Aermſte, nur e i n Herz zum Lieben
Und e i n e n Mund zum Küſſen nur beſitzt.

Romuald.

Du ſcherzeſt, Herr. Gewiß doch irrſt Du Dich,
Wenn Du den Prinzen in Zerſtreuungen
Verloren glaubſt, die ſeiner Jugend zwar,
Doch nimmer ſeinem Schickſal ziemen möchten.
Es weht ihn kühl aus all den Reizen an,
Die ihm verlockend beut ein fremdes Leben,
Und oft ſchleicht er aus lauten Feſtgemächern
Sich an des Pontus dunkelndes Geſtade,
Um einſam dort den Plänen nachzuſinnen,
Die ernſt und groß in ſeiner Seele reifen.

Thaſſilo.

Und was ſind das für Pläne? Darf man's wiſſen?

Romuald.

Das Joch zu ſchütteln von Italien
Und aufzurichten ſeiner Väter Thron.

Thaſſilo (ſteht auf; kurz und trocken).

Glück zu!

Romuald.

Mein Fürſt ――

Luitberga (die ſich gleichfalls erhoben, zu Romuald).

Was ſagt' ich Dir?

Romuald (zu Thaſſilo).

Verſteh'
Mich nur! Der Prinz ― und auch die Longobarden,
Die jetzt im ſtachelnden Gefühl der Knechtſchaft

An seinen Anspruch ihre Hoffnung setzen,
Vermessen nicht allein sich solcher That.
Die Kaiserin sagt ihre Hülfe zu,
Und Benevents erlauchter Herzog bietet
Dem Sohne Desider's sich freudig an.

Thassilo.

Die Kaiserin! Ein Weib! Die hat ja selbst
Vollauf zu thun, den Moslem abzuwehren.
Und dann der Beneventer! Wohl; ein Fürst —
Ein edler Fürst und hochbegabt, wie Keiner,
Ein friedlich Volk im Frieden zu beglücken,
Am stillen Musenhof zu Brindisi
Gelehrsamkeit und schöne Künste pflegend:
Zu solchen Dingen aber ist er nicht
Der Mann.

Romuald.

        Wir wissen's — und der Herzog sagt
Es selbst. Doch rüstet Krieger er und Schiffe,
Dem Mann sie zuzusenden, der allein
Vollbringen kann, was wir zu denken wagen.

Thassilo.

Und dieser Mann?

Romuald.

        Bist Du!

Thassilo.

            Was! Ich? Wie so
Kommt Ihr auf mich?

Romuald.

        ' Weil Du der Held uns scheinst,

Vor allen And'ren vom Geschick erkoren,
Als Retter der Bedrückten aufzusteh'n.

Thassilo.

So, so. Ich dank' Euch für die hohe Meinung,
That ich auch gar nichts, um sie zu verdienen.
Doch auf mich rechnet nicht.

Luitberga.

       Ich hab's erwartet,
Und jetzt erkenn' ich auch, wie Du mich liebst!

Thassilo.

Wie Männer sollen: herzlich, warm und treu,
Doch unbeirrt von ihrer Frauen Sippe.
Ich bin nicht da, für meine Schwäher Throne,
Die längst gestürzt sind, wieder aufzurichten.

Luitberga.

So ist's Dir recht, daß Alles um Dich her
In Trümmer sank — und nur ein Einziger
Mit seinem Reich zur Riesengröße wuchs?
Hast nicht ein Wort des Mitleid's für Diejen'gen,
Die seinen Ruhm mit Ehr' und Blut gedüngt?

Thassilo.

Ich fühle mit, was menschlich sie erlitten,
Doch für ihr Schicksal hab' ich keinen Trost.

Luitberga.

Und welchen hast Du denn für Deine Schmach?

Thassilo.

Schmach! Welche Schmach?

Luitberga.

       Daß Du die eig'ne Größe —

Und dieses ist's, was mich am tiefsten schmerzt —
So willig diesem Moloch opferst!

Thassilo.

Opfern!
Ich opf're nichts! Ich bin kein armer Schelm,
Der And'ren Siege neidet — und sofort
Sie überbieten will in jeder Weise.
Die fränk'sche Herrschaft hab' ich abgeschüttelt —
Und damit hollah!

Romuald (nach kurzem Besinnen).

Thatst Du dies auch wirklich,
Als Du vor Jahren, rasch entschloss'nen Muthes,
Dem Machtgebot des Vormunds Dich entzogen?

Thassilo.

Es scheint, Du zweifelst. Doch ich frage Dich:
Zeigt sich in Baiern irgend Etwas Dir,
Das Dich an fränk'sche Herrschaft mahnen könnte?
Horst' ich vielmehr inmitten meiner Berge
Nicht wie der Aar, dem nichts verwehrt, sobald
Es ihm gefällt, zur ew'gen Sonne sich
Mit raschen Flügelschlägen aufzuschwingen?

Romuald.

Nun allerdings — doch darfst Du nicht vergessen,
Daß schon zu Zeiten Karl Martells die Fürsten
Der Bojoarier heerespflichtig waren;
Darfst nicht vergessen, daß Dein Vater einst
In dem Bestreben, endlich diese Klammer
Verhaßter Unterthänigkeit zu sprengen,
Am Lech Pipin erlag — und daß Du selbst

Als Jüngling mit dem Schwur zu Compiegne
Die fränk'sche Hoheit anerkennen mußtest.

Thassilo.

O nein: dies Alles werd' ich nie vergessen.

Romuald.

Und dennoch —

Thassilo.

Dennoch sage ich Dir jetzt:
Ich werde niemals Heeresfolge leisten.

Romuald.

Und wenn da eines Tages König Karl —
Mich wundert's nur, daß es noch nicht geschah —
Als Herr und Herrscher plötzlich vor Dich hintritt,
Mit ehr'ner Faust auf seinen Anspruch pochend?

Thassilo.

Das soll er thun. Ich bin darauf gefaßt
Seit Jahren schon.

(Trompetenstoß von außen.)

Was ist?

(Spannung.)

—

Fünfte Scene.

Meligo, rasch herein.

Meligo.

Herr, vor der Burg
Hält eine Schaar, gar trotzig anzuseh'n.
Der Eine, der sie führt, das Haar ergraut,

Und an Gestalt, als er vom Rosse stieg,

Dem Strunk der Eiche im Verwittern gleich,

Bringt Botschaft Dir, er sprach's, vom König Karl!

Luitberga.

Ha!

Romuald (für sich).

Nahst du, Schicksal, jetzt?

Thassilo (seine Ueberraschung sofort bemeisternd).

Von König Karl?

So laßt den Boten ein.

Meligo.

Da ist er schon.

Sechste Scene.

Wittekind mit sächsischem Gefolge; hintendrein **Idwin**, **Gawin** und noch andere baierische Mannen, so daß die Halle reich belebt wird.

Wittekind.

Der König und der Herr der Franken sendet

Dir, Herzog Thassilo, durch mich den Gruß

Als Herrscher, Freund und Vetter. Er gedenkt

Für morgen Nacht Dein Gast zu sein.

Luitberga.

Wie sagst Du?

Er kommt?

Thassilo.

Warum auch nicht?

Saar, Thassilo.   3

Luitberga.

Und was führt ihn
Hieher?

Wittekind.

Im Zug nach Rom ist er begriffen,
Wo auf's gesalbte Haupt Papst Leo ihm
Des Reiches Krone setzen wird.

Thassilo (der ihn unverwandt betrachtet hat).

Und Du?

Wittekind.

Ich zieh' voraus, ihn anzukündigen.

Thassilo.

Nun wohl. Doch dieses Auge, stolz und finster,
Dies Antlitz, dunkler Runenzüge voll,
Läßt einen Boten seltner Art in Dir
Vermuthen — und auf einen Namen sinn' ich,
Um Dich zu nennen.

Wittekind.

Nenn' mich Wittekind.

(Allgemeines Erstaunen; Thassilo tritt einen Schritt zurück.)

Was staunt Ihr, daß Ihr mich als Boten jetzt
Des Ueberwinders seht? Ich stand ihm lange,
Und als ich endlich, alt und müd' geworden,
So wie die heil'gen Asen, die schon alle
Dem bleichen Christengott den Himmel räumten,
Das Schwert zu seinen Füßen niederlegte,
Freiwillig, schweigend, als der letzte Held:
Hab' ich auch ganz zu eigen mich gegeben.

Thassilo.

Du hast's gewählt — und somit ist es gut.
Nun aber werde, wie zu einem Fest,
Für morgen hier bereitet und gerüstet;
Von allen Zinnen sollen Fahnen weh'n,
Da Herzog Thassilo den König Karl
In seiner Väter Burg empfängt.

Luitberga.

Wie ist

Mir, Romuald?

Romuald (der in Gedanken gestanden).

Dir wird, was Du ersehnt!

(Der Vorhang fällt rasch.)

Ende des ersten Actes.

Zweiter Act.

Derselbe Schauplatz. Später Abend. Die Halle, deren Hinter=
grund dunkel ist, wird in ihrem vorderen Theile von einer Ampel
düster beleuchtet, während aus der festlich erhellten Nebenhalle
greller Lichtschein auf die Bühne fällt.

— · — · —

Erste Scene.

Rotrudis und **Rothar**, beide schwarz gekleidet.

Rotrudis.

Dort laß uns steh'n, mein Sohn — an' jenem Pfeiler,
Damit das Auge des Gewaltigen
Sofort bei seinem Eintritt auf uns falle,
Und er aus uns'res Schicksals dunkler Tracht,
Aus uns'rer Miene vorwurfsvollem Haß
Auch gleich erkenne, wen er vor sich habe:
Die Wittwe und den arg beraubten Sohn
Des Mannes, dem sein Vater einst das Erbe,
Das ihm gebührte, schamlos vorenthalten.

Rothar.

Was wird's ihn kümmern! Sieht er mich doch hier,
Trotz meines Freibriefs an ein Königreich,

Gleich einem Bettler hauſen, aufgefüttert
Mit Brocken, die vom Tiſch der Zahmheit fallen.
Und dennoch freut's mich, daß ich mich nicht täuſchte,
Daß man die Fackeln feſtlichen Empfangs
Demjenigen entgegen trägt, den man mit Pfeilen
Des Haſſes blutig nur begrüßen ſollte! —
Doch daß auch ſ i e —

Rotrudis.

Schon wieder ſ i e !

Rothar.

Ja, ſ i e —

Und tauſendmal nur ſ i e ! Verwandelt iſt ſie,
Seit Wittekind den Eſtrich hier betrat,
Verjüngt, verklärt — ſo wie von ſtolzer Freude.

Rotrudis.

Verſtellung, Kind, Verſtellung! Glaube mir,
Im tiefſten Innerſten fühlt ſie gleich uns —
Doch u n s gerade will ſie es nicht zeigen.
Doch wird ſie's büßen. Denn als Gaſt nicht bloß
Kommt heute König Karl: er kommt als Herrſcher
Und als Gebieter. O, Du wirſt es ſeh'n!

Rothar.

Ich fürchte, daß ſie's hofft — daß ſie erwartet,
Ihr Gatte werde dann —

Rotrudis.

Was dann? Es wird

Sich zeigen nur vor ihr und aller Welt,
Was ſie bis jetzt gewaltſam ſich verbarg,
Daß Thaſſilo geblieben, der er war:

Der Franken Unterthan und scheuer Knecht.
Und wenn sich diesmal nicht ihr Herz vor ihm
Erbricht, so hat sie kein's.

Rothar.

Für mich! Für mich!

Ihn aber liebt sie!

Rotrudis.

Was bekümmert's Dich?

Vergönn' es ihr, daß sie sich selbst erniedrigt!
O diese Leidenschaft, die Dich verzehrt,
Ist wider die Natur. Begreifen könnt' ich's,
Daß sie Dich liebt — und Du mit stolzen Füßen
Von Dir sie stößest! Doch ich fass' es nicht,
Wie Du, wenn nicht verruchte Höllenkünste
Die Longobardin, Dich zu quälen, übt:
Gefesselt wirst von abgestand'nen Reizen,
Die längst vor Dir ein Anderer genossen.
Die Schönheit, welche Dich beglücken soll,
Sie wächs't und reist erst —

Rothar.

O nichts davon, Mutter!

Was kann mir Jugend sein, die blöd und schüchtern
Mit Blumen oder Tauben kos't und Nachts
Magdliche Seufzer zu den Sternen sendet?
Ein Wesen, weiß und roth von Antlitz — und
Das Haar wie Flachs vielleicht? O nein! O nie!
Ich will die Blüthe nicht, mich reizt die Frucht,
Die allgemach ihr Leben schon vertrieft
Und dann am süßesten, wenn sie bereits

Vom Wurm des Schmerzes angestochen ist —

(Nach rechts blickend.)

Sieh' nur, dort kommt sie! Heute doppelt schön
Im Fürstenschmuck! Wie hebt er ihre Züge —
Die schwermuthvolle Hoheit der Gestalt —
Den Glanz der Augen — er umleuchtet sie
Wie Feuerschein, der in die Mondnacht fällt! —
Laß sie mich ungeseh'n betrachten —

(Da Rotrudis abwehrende Bewegungen macht.)

ja, ich will's —

In ihren Anblick ganz versinken —

(Rotrudis nach dem dunklen Theil der Bühne mit sich ziehend.)

dort,

Dorthin!

Rotrudis.

O daß ich so Dich sehen muß!
So ohne Fassung ganz, in kranker Sucht —
Wie haß' ich doppelt, dreifach sie darum!

Zweite Scene.

Luitberga und Romuald sind inzwischen von rechts aufgetreten.

Luitberga.

Du glaubst es — glaubst es wirklich?

Romuald.

Was soll ich
Dir sagen, Fürstin? Glauben drückt nicht aus,
Was meine Seele ahnungsvoll bewegt.

Du hörtest, was er sprach — und wie er's sprach;
So kann auch jetzt, wenn König Karl erscheint,
Der rasche Würfel der Entscheidung fallen.

Luitberga.

Nun denn, so sei der Franke mir willkommen!

(Trompetenklänge hinter der Scene.)

Hörst Du? Sie nah'n!

(Erblickt Rotrudis und Rothar.)

Ihr da?

Rotrudis.

Ja, wir! Ist's Dir

Vielleicht nicht recht? Wir aber denken uns:

(Luitberga, die im vollen Glanze des von der Seite einfallenden Lichtes
steht, spöttisch messend.)

Wo so viel Licht, muß doch auch Schatten sein.

Luitberga.

Gewiß. Je dunkler Ihr Euch heute zeigt,
Je schwärzer — desto lieber ist es mir!

(Ganz nahe Trompeten. Es treten auf:)

Dritte Scene.

Fackelträger voran. Dann: König Karl, Thassilo, Eginhard, Gerold,
Gailo, Meligo, Idwin, Gawin und viele fränkische und baierische Edle
und Mannen.

Thassilo (zu Karl).

Jetzt erst kann ich Dich ganz willkommen heißen,
Da Du herein in diese Halle trittst.
Wir sah'n uns lange nicht, mein Vetter Karl!

Karl.

Jahrzehnte werden es. Wir waren jung,
Als Du an meines Vaters Hof gelebt,
Nun sind wir es nicht mehr. — Sieh' da, die Fürstin!

Luitberga.

Ich bin's, und wie mir's ziemt, begrüß' ich Dich.
Doch nicht als Tochter König Desider's;
Denn diese müßte, finster blickend, wünschen,
Daß sich ihr Haar in Schlangen wandelte,
Auf daß die Gorgo, die zu Stein Dich starrt,
In ihrem Anblick ganz verkörpert sei.
Als Herzog Thassilo's Gemahlin heiß'
Ich Dich willkommen.

Karl.

　　　Wie ich es erwartet.
So sei bedankt für jedes Deiner Worte.

　　　　　(Zu Thassilo, auf Rothar weisend.)

Wer ist der bleiche Jüngling dort?

　　　Rotrudis (da Thassilo antworten will, rasch).

　　　　　　Laß mich,
Die Mutter, für ihn sprechen: Grifo's Sohn;
Das sagt Dir wohl genug.

　　　Karl (sich abwendend).

　　　　　Ganz recht: genug. —
Doch nun, mein Thassilo, muß ich Dich bitten
Um Rast und Stärkung nach des Weges Müh'n
Für mich und mein Gefolge.

　　　　　(Zu Luitberga.)

　　　　　Fürchte nicht,

Der Wirthin Pflichten ausgedehnt zu ſeh'n.
Nur einen Biſſen, einen Trunk — dann ſuchen
Wir unſer Lager auf; denn morgen früh
Gedenken wir die Reiſe fortzuſetzen.

Luitberga.

Wie Dir's gefällt. Ich bin bereit, zu tafeln,
Wofern Du ſchwelgen willſt, wie einſt Belſazar;
Doch wenn ein Becher Dir genügt, ſo ſoll
Auch dieſen meine Hand Dir willig reichen.

(Sie ſchreitet mit einem einladenden Wink die Stufen hinan; die Anderen,
Karl an der Spitze, folgen bis auf Gerold, Jdwin und Gawin, welche ſchon
früher eine Gruppe für ſich gebildet haben. Auch Rotrudis und Rothar
bleiben zurück.)

Vierte Scene.

Gerold, Jdwin, Gawin; im Hintergrund Rotrudis und Rotbar.

Gawin (den Abgehenden nachblickend).

Bei Sanct Corbinian, das iſt ein Fürſt!
Man muß ihn ſehen, dann begreift ſich's erſt,
Wie er zu ſolcher Macht gelangen konnte.

Gerold.

Wahr iſt es, unſer Herr ſtrahlt ſeinen Ruhm
So wie der Ball am Himmel Feuer aus.

(Zu Jdwin.)

Du kennſt ihn doch von früher her, Kumpan?

Idwin.

Ich sah' ihn wohl, da noch sein Vater lebte
Und wir mit unf'rem Bann beim Heere standen.

Gerold.

Das Euer Herzog rasch mit Euch verließ,
Als er die Mündigkeit erreicht — ich weiß.
Und sind die Klingen Euch seit jener Zeit
Nicht gänzlich eingerostet?

Idwin.

Nun, es ging.
An unf'ren Grenzen streifen die Avaren
Und sie zurückzuweisen galt es oft.

Gawin.

Zurückzuweisen ja; doch weiter nichts.

Gerold.

Du zög'st wohl gerne diesem gelben Volk
Weithin verfolgend nach in's Steppenland,
Bis wo der Chagan auf erraubten Schätzen
In seinem Ring gleich einem Götzen thront?

Gawin.

Das könnte sein.

Gerold.

Je nun, kommt Zeit, kommt Rath.
Der König, glaub' ich, denkt schon längst daran —
Und dann seid Ihr die Ersten auch beim Strauß.

Gawin.

Wie?

Idwin.

Wir?

Gerold.

Wer sonst? Es wird doch Euer Herzog
Den Dienst nicht abermals verweigern wollen?
Bei Gott, das könnte übel ihm bekommen:
Was damals ging, geht heute nimmermehr.

Gawin (zu Irwin, der düster vor sich hinblickt).

Du schweigst? Ich aber sage Dir: ich fühle
Mich angefrischt bei dem Gedanken schon,
So wie ein Sumpf, dem Wasser zuläuft.

Gerold.

Wasser?
Du mahnst mich, Freund, daß meine Kehle längst
Nach Wein begehrt. Kommt, suchen wir ihn auf
Und sprechen weiter dann bei vollen Bechern.

(Er geht mit Gawin die Stufen hinauf; Irwin folgt langsam mit
gesenktem Haupte.)

Fünfte Scene.

Rotrudis und **Rothar,** kommen nach vorn.

Rotrudis.

Hast Du's gehört, Rothar? Hast Du's gehört?

Rothar (wie aus einem Traum erwachend).

Was?

Rotrudis.

Fragst Du? Das Gespräch, das jene Drei
Geführt und das uns sonnenklar beweist,

Daß nun der Tag für Thassilo gekommen —
Der Tag der offenkund'gen Dienstbarkeit.

Rothar.

Ganz recht. Das ist es — und deshalb — O Mutter!

Rotrudis.

Wie ist Dir? Deine Wange glüht im Fieber —

Rothar (ausbrechend).

In meiner Brust wälzt sich ein Ungeheu'res!

Rotrudis.

Was ist es? Sprich! Du machst mir Angst, wenn Du
So vor Dich hinstarrst —

Rothar.

Alles setz' ich heut'
Auf einen Wurf!

Rotrudis.

Ich fass' Dich nicht — was hast
Du vor — o rede!

Rothar.

Frag' mich nicht — jetzt nicht!
Ich muß in's Freie. Draußen in der Nacht,
Die schweigend ihren düst'ren Fittich spreitet,
Gestalte sich das Chaos meiner Seele!

(Will rasch ab.)

Rotrudis (hält ihn).

Rothar, mein Kind —

Rothar.

Laß mich — ich seh' Dich später —

(Drohend.)

Laß mich! (Reißt sich los und eilt fort.)

Rotrudis (einige Schritte nach).

Rothar! Rothar!

(Zurückkommend.)

Er hört mich nicht.

Eil' ich ihm nach, so reiz' ich ihn zur Wuth.

Bei Gott, kein Wunder ist es, wenn sein Geist,

Sein Herz verstört sind, — wenn er selbst die Mutter,

Die ihn geboren hat, mehr haßt, als liebt!

Was kann ich für ihn thun? Ohnmächtig steh' ich,

Gleich ihm, der schnöden Allgewalt genüber,

Die es sogar verschmäht, uns zu zertreten.

(Pause; in Gedanken.)

Wie dieser sieggebuns'ne Karl, dem einst

Ein gutes Drittheil seiner früh'ren Macht

Auf uns're Kosten ward, sich abgewandt —

Als hätt' er in die leere Luft geblickt!

(Nähert sich den Stufen und steigt empor; an einen Pfeiler gelehnt
hinter die Scene blickend.)

Da drinnen sitzen sie bei Speis' und Trank,

Im Qualm der Fackeln und im Dunst des Weins.

Der wack're Herzog seinem Herrn zur Seite —

Und auf der andern sein Gemahl —

(Zurückfahrend.)

Ha! Seh'

Ich recht? Ist's Wahnsinn — Heuchelei — ist's Spott?

Die Longobardin hebt den Kelch empor —

Der Gatte folgt — die And'ren alle mit —

(Toast hinter der Scene.)

Ein Hoch dem König! Nun, gesegn' es Gott!

O daß zu Gift ein jeder Tropfen würde —
Und sie hinsänken, Alle, Alle, Alle! —
Armsel'ger Wunsch! Sie trinken nur und trinken!

(Die Stufen hinab.)

Doch ich muß fort — muß sehen, wo er weilt,
Muß wissen, was er vor hat —

(Von einem plötzlichen Gedanken durchzuckt, anhaltend.)

Wie? Wär's das!?

Ein Ungeheu'res! Sagte er nicht so?
Ja, ungeheuer und verderblich wäre
Ein solches Wagniß!

(Sie eilt fort. Die Bühne bleibt einen Augenblick leer; dann kommen
über die Stufen herab:)

— —

Sechste Scene.

Meligo und der Marschall Gailo; ein baierischer und zwei fränkische Kämmerlinge folgen mit Lichtern. Gleich darauf Gerold.

Gailo.

Wo, sagst Du, liegt das Schlafgemach des Königs?

Meligo.

Im and'ren Flügel (nach links weisend) gleich durch jenen
Gang —

Gailo.

So bitt' ich, geht voran; ich folge gleich —

(Zu einem der fränkischen Kämmerlinge.)

Du warte noch.

(Meligo mit den anderen Kämmerlingen ab nach links.)

Wo Gerold bleibt? Ich gab' ihm
Doch einen Wink — da ist er!

   Gerold (die Stufen herabkommend).

       Nun, was willst Du?

     Gailo.

Ich bin in Angst.

     Gerold.

  Weßhalb?

     Gailo.

     Für uns'ren Herrn.

Ich sage Dir, wir sind in Feindesland;
Das zeigt sich mir, wohin ich blicke —

     Gerold.

       Pah!

    Gailo.

Wenn ich auch schon vom Herzog nichts befürchte —
Und schwören möcht' ich gleichfalls nicht auf ihn —:
Die Fürstin doch trifft mein Verdacht. Es blinkt
Aus jedem ihrer Worte wie ein Dolch.
Noch wen'ger aber trau' ich jener Brut
Des Grifo.

     Gerold.

    Was? Dem grünen Jungen? Möglich,
Daß sein Gehirn zum Aberwitze neigt.
Doch solchen Leuten, Freund, das glaube mir,
Versagt die Hand.

     Gailo.

    Du nimmst es eben leicht,
Wie unser König, der aus stolzer Furcht,

Er könne furchtsam scheinen, niemals sich
Bewachen läßt.

Gerold.

Er steht in höh'rem Schutz
Als in dem uns'ren. Wenn's bestimmt ihm wäre,
Durch Mord zu enden, hätten wir gerade
Nach Bojoarien erst kommen müssen?
Ich denke wohl, in Spanien und Italien —
Und wo die Irmensäule ward gestürzt:
Da gab es Tausende, die so gewollt,
Und doch den Muth nicht fanden, es zu thun.
Und ist er sicher denn im Heimatland,
Am Frankenhof? Wo immer er sich zeigt,
Kann Schwert und Pfeil, kann Dolch und Gift ihn fällen —
Und doch geschieht es nicht. Warum? Weil er
Sein Heldendasein ganz erfüllen muß!

Gailo.

Mag sein; — und dennoch sag' ich Dir, daß ich
Die ganze Nacht mit eingehalt'nem Odem
Vor seiner Schwelle liege.

Gerold.

Thu' es denn
In Gottes Namen — und wenn es Dich tröstet,
So will ich mich an Deine Seite legen.

Gailo (freudig).

Wirklich? Ich wußt' es ja! — Doch horch, man hebt
Die Tafel auf. Man kommt hierher — ich gehe.

(Ab mit dem Kämmerling in den Gang links. Gerold bewegt sich dem Hintergrund zu, woselbst er sich später mit dem herabkommenden Gefolge vereinigt.)

.

Saar, Thassilo.   4

Siebente Scene.

Luitberga, Karl, Thassilo und die Uebrigen kommen wieder herab.

Karl.

Nun sag' ich Dank und gute Nacht Dir, Fürstin.

Luitberga.

Du fühlst es wohl, daß ich nicht schlafen werde;
Doch träumen will ich, was ich lang schon träume.
Dir aber sei die Ruhe hier gesegnet,
Bis wir beim Strahl des Tag's uns wiederseh'n.

(Sie geht durch den Hintergrund rechts ab.)

Karl (gegen die Versammelten).

Auch Euch gut' Nacht, Ihr edlen Bojoaren.

(Zu seinem eigenen Gefolge.)

Zieht nur zurück Euch jetzt und pflegt der Ruh',
Die uns die Regensburg heut' gastlich bietet.
Wo ist mein Marschalk?

Gerold.

Mit den Kämmerlingen
In den Gemächern, die man Dir bereitet.

Karl.

So mag er später mich dahin geleiten.
Ich will ihn hier erwarten. Denn ich habe
Mit meinem Vetter, Herzog Thassilo,
Eh' ich mein Lager suche, noch ein Wort
Zu sprechen.

(Auf seinen Wink entfernen sich Alle; nur einige Kämmerlinge bleiben
mit Lichtern zurück.)

(Zu Thassilo.) Dort in jenem Erker sitzt

Es sich bequem. Wir haben's hell genug,
Wenn eine Leuchte an dem Pfeiler brennt.

(Ein Kämmerling bringt ein Licht in einem Ringe am Pfeiler an.)

Thassilo (zu den Kämmerlingen).

Laßt uns allein!

(Kämmerlinge ab.)

–

Achte Scene.

Karl und Thassilo. Sie setzen sich.

Karl (nach einer Pause).

Ich hoffe, Thassilo,
Daß Du gestimmt, mich anzuhören, bist;
So will ich denn beginnen.

Du erinnerst
Vielleicht Dich noch — es war in jungen Tagen,
Und bei einander saßen wir im Freien —
Daß ich mit meinem Schwerte weite Länder,
Flüchtig umrissen und mit ihren Grenzen
Sich dicht berührend, in den Sand gezeichnet —
Den Lauf der Ströme, der Gebirge Zug,
Die Herrschersitze und die festen Städte;
Und als Du fragtest, was ich da beginne,
Erwidert' ich in stolzen Jünglingsträumen:
So sieht das Reich aus, das ich gründen will.

Thassilo.

Gewiß. Wie hätt' ich das vergessen können.
Und dieses Reich ward nicht in Sand gezeichnet.

Du hast das kühn geträumte Werk vollbracht,

Und aufgerichtet steht es riesengroß,

So daß dagegen wie ein Inselchen

Im Ocean mein kleines Land sich ausnimmt.

(Da Karl diese Worte wie absichtlich überhört, fährt er fort.)

Das allgewalt'ge Scepter schwingest Du

Von Trajan's Bogen bis zum Sand der Dünen,

Die schimmernd um die nord'schen Meere lagern;

So herrschten einst die römischen Cäsaren,

Mit deren Krone jetzt der Papst Dich krönt —

Und nur die Frage bleibt Dir mehr: was nun?

Karl.

Ganz recht: was nun? Doch anders faß' ich's auf,

Als Du es meinst. Sieh, es ist wahr: ich herrsche

Von Trajan's Bogen bis zum Sand der Dünen —

Doch über Länder, über Völker nur,

Die ich nothdürftig erst mit blut'gem Kitt

Zu einem Ganzen obenhin gefügt.

Eh' sie allmälig mit einander nicht

In Eins verwachsen sind, ist auch mein Werk

Beendet nicht und nicht vollbracht. Indeß,

Dazu reicht eines Menschen Kraft und Wollen,

Reicht eines Menschen Dasein nimmer aus.

So hab' ich's wohl bedacht und auch beschlossen,

Das Reich zu theilen — und damit die Sorgen

Und heißen Müh'n um meiner Völker Wohl.

Drei Söhne wachsen blühend mir heran:

Pipin, dem ältesten, sei Aquitanien;

Der zweite, Karl, soll herrschen in Italien —

Ludwig, dem jüngsten, fällt der Osten zu,
Wenn beide mit den Jahren ausgewachsen.
Ich selbst jedoch behalte mir die Herrschaft
In Neustrien — und in des Reiches Herzen,
Dem alten Sitze der Germanen vor.
Von dort aus lenk' und leit' ich meine Söhne,
So lang es Gott gefällt — und wenn man mich
Dereinst zur letzten Ruhe betten wird:
Kann's auch geschehen sein, daß sich inzwischen
All' diese Reiche still entwickelt haben,
Im Glauben einig, einig in Gesittung.

Thassilo.

Fürwahr ein Plan, von Deinem Geist entworfen!
Ich kann nur wünschen, daß auch Deine Söhne,
Sich in der Zukunft seiner würdig zeigen.

Karl.

Und ich kann es nur hoffen. — Ueberdieß,
Ganz abgeseh'n von all' den Schwierigkeiten,
Die noch im Reiche selbst zu überwinden:
Giebt es der äuß'ren Feinde auch genug,
Die mit dem gier'gen Haß des Heidenthums,
Von allen Seiten, was ich schuf, umdrängen.
Im Westen lauert stets der Sarazene;
Im Norden bräu'n die Dänen, die Normanen —
Vor allen aber sind es die Avaren,
Die, wie beseelt vom Geiste Attila's,
Seit langem sich mit dem Entschlusse tragen,
Von Osten plötzlich in des Reiches Mitte,
Heuschreckenschwärmen gleich, mir einzufallen.

Thassilo.

Gewiß; ich weiß es. Hätt' ich nicht die Pässe
An meinen Grenzen stets bewacht, vertheidigt —
So hätten sie es schon gethan.

Karl.

　　　　　　　　Nun wohl.
D'rum sollen sie auch jetzt die Ersten sein,
Gen die ich mich, kehr' ich von Rom zurück,
Mit einem Heere in Bewegung setze.
Denn nicht allein, daß ich die wilden Horden
Mit Feuer und mit Schwert vernichten will:
Pannoniens Eb'nen muß ich noch erobern,
Um bis zum Pontus freie Hand zu haben.

Thassilo.

Nun denn; da Du so viel bereits vollbracht,
So wird Dir auch dies Letzte noch gelingen.

Karl.

Leicht wird's nicht sein. Denn dies Kentaurenvolk
Scheint stets zu flieh'n, und kehrt doch stets zurück.
Wie's immer sei: Du magst indeß Dich rüsten,
Da Du den Kampf, sobald ich ihn beschließe,
Eröffnen wirst.

Thassilo.

　　　Ich? Nein, das thu' ich nicht.
　　　　　　(Steht auf.)

Karl.

Was hebst Du Dich vom Sitze? Bleibe doch —

Thassilo.

Nein, Karl. Unser Gespräch, ich seh' es, hat
Den Punkt erreicht, wo ich nur schweigen kann.

Karl (gleichfalls aufstehend).

Es sei. Offen gestanden, hab' ich's so
Erwartet — und ich will jetzt gleichfalls schweigen.

(Er bemerkt Gailo, der inzwischen mit Lichter tragenden Kämmerlingen
am Eingange links erschienen ist.)

Dort seh' ich auch schon meinen Marschalk warten.
'S ist Zeit zur Ruh'. Beschlafen wir es Beide.
Gut' Nacht! — Dies eine nur zuvor: laß nicht
Den alten Streit auf's neue sich entflammen!
Beschlaf' es, Thassilo — gut' Nacht!   (Wendet sich.)

Thassilo (ihn bis zum Gange links begleitend).

Gut' Nacht!

(Karl mit Gailo und den Kämmerlingen ab in den Gang. Die Bühne
ist nun sehr düster beleuchtet; der Hintergrund ganz dunkel.)

Thassilo zurück kommend; in Gedanken).

Da geht er hin. Er hat's vorausgesehn —
Ich wußt' es wohl. Vielleicht hat er gleich mir
In tiefer, stets bezwung'ner Ungeduld
Der Stunde schon geharrt. So thürmen sich
Am Himmel, furchtbar schweigend, zwei Gewitter.
Noch ist es still. Da rollen leise Donner,
Es zuckt ein Blitz — und unaufhaltsam prallen
Die drohenden Gewalten an einander!

(Zurück horchend.)

Was ist?

(Zieht sich hinter einen Pfeiler zurück.)

Neunte Scene.

Luitberga, hinter ihr **Rothar,** kommen von rechts aus dem Hintergrund.

Luitberga (nach vorn eilend).

Was ficht Dich an? Was willst Du, Rasender!?

Rothar.

O nichts! O nur ein Wort laß mich — Du schweige —
Und höre nur, was ich in Flüstertönen,
Geheimnißvollen, zu Dir sprechen werde!

Luitberga.

Hinweg!

Rothar (sich auf ein Knie niederlassend).

Ich knie. Stoß' mich nicht von Dir!
Denn Dein — das Schicksal Deines Gatten liegt
In meiner Hand!

Luitberga.

In Deiner?

Rothar.

Ja, in meiner!
Du fühlst es — und auch Jeder fühlt es hier,
Was König Karl nach Regensburg geführt.

Luitberga.

Fühlt man's? Dann ist es gut! Dann ist es gut!

Rothar.

Man kennt die stolze Hoffnung, die Du hegst.
Doch wenn sich auch erfüllt, wovon Du träumst —

Luitberga.

Du möchtest es bezweifeln — doch Du kannst nicht.

Rothar.

Wenn, sag' ich, sich erfüllt, wovon Du träumst:
Wer bürgt, daß Thassilo den Kampf besteht?

Luitberga.

Auch mein Gefühl!

Rothar.

Das dennoch täuschen kann.
O Du verkennst mich! Willig geb' ich's zu,
Daß früher ich — — doch jetzt — o meine Seele
Lebt ganz in Deiner jetzt! Sie fühlt für Dich
Die Angst voraus, die Du Dir noch verbirgst —
Die später plötzlich Dich durchschaudern wird.
Und sieh, ich komme ihr zuvor, befreie
Für immer Dich von ihr — und reiche Dir
Den Preis des Sieges, eh' er noch erkämpft —:
(Rasch mit unterdrückter Stimme.)
Ich tödte Karl!

Luitberga (unwillkürlich erschüttert).

Du?

Rothar.

Ich! (nahe an sie heran, leise.)
Wenn morgen er
Zu stolzem Abzug hier erscheinen wird,
Steh' ich in seiner Näh' — und diesen Dolch
Bohr' ich dem Ahnungslosen, der gefeit,
Unnahbar sich in seiner Allmacht glaubt,
Tief in den Nacken!

Luitberga (hat ſich gefaßt).

Du?

Rothar.

Ich! Und ſo opfr' ich
Für Dich — für Dich und Deinen Gatten mich.
Denn daß ich ſelbſt ſodann, getroffen, ſinke,
Aus hundert Wunden blutend, weißt Du wohl.
D'rum will ich auch den Lohn der That voraus!
Sei mein für jenen kurzen Reſt der Stunden,
Der noch dazwiſchen liegt! Für wenig Stunden,
Die mir zur Ewigkeit des Glück's ſich dehnen!
Laß mich an dieſem Buſen ruh'n — laß mich
Aus dieſen Lippen heiß ein Leben ſaugen,
Das tauſendfach mir jeden Tod bezahlt!

Luitberga.

Halt ein, Erbärmlicher, Verruchter! Thor!
In meiner Seele, ſagſt Du, lebt die Deine?
Und fühlſt und weißt nicht, daß, wenn ſchon ein Weib
Des Feindes Tod mit ſolchem Preis bezahlte,
Gerade ich jetzt doppelt wünſchen muß,
Daß König Karl ſein volles Daſein athme?
Ja, wenn er hunderttauſend Leben hätte,
Ich ſchützte jedes ihm mit eig'ner Hand:
Besiegt von Thaſſilo nur darf er fallen!

Rothar.

Ha! Ha!

Luitberga.

Lach' zu, ohnmächt'ger Haß!

Rothar (mit mühsam verhaltener Wuth).

Ohnmächtig?

Glaub's nur! Glaub's nur! Doch lachen werd' ich dann,
Wenn Thassilo zu Deines Feindes Füßen
Bezwungen und vielleicht erschlagen liegt —
Oder ich selbst auf seinen Nacken trete!

Luitberga.

Wahnwitziger!

Rothar (ausbrechend).

Meinst Du? Wer hindert mich —
Du nicht — (Sie hart und drohend anfassend.)
Du wagst es nicht des Hauses Schläfer
Empor zu schrei'n — wer hindert mich, daß ich
In diesem Augenblick zum Söller eile,
Von dort aus, klimmend am Gestein der Mauer,
Hinan mich schwinge zu den Fenstern Karl's
Und ihn, der wilden Katze gleich, die lautlos
Den Raub beschleicht, im sich'ren Schlaf ermorde?
Dann thu' ich's nicht für Euch, ich thu's für mich.
Denn dann entkomm' ich auch — fort durch die Nacht —
Nach Aquitanien. Dort lebt ein Enkel
Vom Bruder Karl's, gleich mir enterbt, im Kloster.
Mit dem verein' ich mich, auf daß wir Beide,
Von der Verwirrung Fluth hochhin getragen,
Die losbricht bei dem Tode des Gewalt'gen,
Die vorenthalt'nen Kronen uns erringen!

Zehnte Scene.

Thassilo tritt hervor.

Thassilo.

Geh' schlafen, Knabe.

Rothar.

Du! Du stehst hier Wache?
Dir freilich ziemt jedweder Dienst der Knechtschaft —
Und hast gelauscht? Nun dann — dann ist es aus!
Doch treffen soll dafür mein Haß das Ziel,
Das ihm am nächsten — und am liebsten ist!

(Schleudert nach Thassilo den Dolch, der, ohne zu treffen, an der Mauer
abprallt.)

Thassilo.

Nicht gut getroffen, Schütz'!

Rothar (außer sich).

Du spottest noch?
O warte nur, mein Schwert wird Dich erreichen,
Das lechzt seit Jahren schon nach Deinem Blut!

(Zieht und dringt wie rasend auf Thassilo ein. Dieser erwehrt sich der
raschen Hiebe Rothars, indem er sein Schwert, daß er in der Scheide
beläßt, mit der linken Hand emporhebt.)

Luitberga.

Nimm Dich in Acht! Er ist von Sinnen —

Thassilo (ruhig abwehrend).

Laß!

(Rothar trifft ihn in die Schulter.)

Sieh' da, das ging in's Fleisch!

(Zurückweichend und das Schwert ziehend.)

Rothar, noch einmal:

Leg' Dich zu Bett!

Rothar.

Du selbst zum ew'gen Schlaf!
Zieh' Dich nicht feig in einemfort zurück —
Ich laß Dich nicht, bis Du zu Boden sinkst —
Und ich dies Weib zur Wittib hab' gemacht —
Sollt' ich auch fechten bis zum jüngsten Tag!

(Dringt mit erneu'ter Heftigkeit auf ihn ein.)

Thassilo.

Du willst's? Nun denn: so mach' ich Deine Mutter
Zur Waise jetzt!

(Streckt ihn mit zwei gewaltigen Streichen nieder.)

Rothar (sich am Boden windend).

Ah....

(Stirbt.)

--   --

Elfte Scene.

Notrudis kommt.

Notrudis (noch im Hintergrunde).

Bist Du da, mein Sohn?

Rothar! Rothar!

Thassilo.

Ja, rufe Du! Du weckst

Ihn nimmer auf.

Notrudis (nach vorn gekommen).

Zu Boden! (Wirft sich auf den Leichnam.)

Und Ihr da?

Sie — und auch Du — Ihr habt ihn mir erschlagen!
(Ueber der Leiche.)

Rothar, mein Kind! Wie bleich! Wie kalt! Wie blutig!
(Halb empor gerichtet.)

O Mordgezücht! Fluch über Euch — Euch Beide!

Thassilo.

Was fluchst Du uns, statt an die Brust zu klopfen?
Du hättest gern die ganze Welt ermordet,
Auf daß Dein Sohn der Einz'ge sei, der lebt —
Nun hast Du ihn.

Zwölfte Scene.

Gerold, Gailo und Kämmerlinge mit Lichtern treten aus dem Gange links.

Gerold.

Was geht hier vor? Wir hörten
Geklirr von Waffen, hörten laute Rufe —

Thassilo.

Und war't besorgt um Eu'ren Herrn? Ganz recht.
Vermeldet ihm, daß hier ein Scorpion
Mit tück'schem Stachel ihn beschleichen wollte;
Zertreten aber hat ihn schon mein Fuß.
(Zu Luitberga, die bleich und erschüttert dasteht.)

Faß' Dich, mein Weib. Du siehst, daß da für Jeden
Die Stunde kommt.
(Der Vorhang fällt.)

Ende des zweiten Actes.

——◦◦;◦;◦◦——

Dritter Act.

Derselbe Schauplatz.   Es ist Morgen.

—

Erste Scene.

Karl, Eginhard und Gerold treten aus dem Gange links.

Karl.
Wie also war es heute Nacht?

Gerold.
So viel
Nur kann ich sagen: hellen Klang von Schwertern
Vernahmen wir und wirrer Stimmen Schall,
Und als wir gingen, nachzuseh'n, gewahrten
Den Sohn des Grifo wir zu Boden liegen
In seinem Blut.

Karl.
Und Herzog Thassilo?

Gerold.
Der stand dabei — und auch die Herzogin,
Indeß der Mutter Klag= und Wuthgeheul
Sich an den Wölbungen der Halle brach.

Karl.

So war's mein Vetter Thaffilo, der ihn —

Gerold.

Getödtet? Ja; zum mind'ſten ſagt' er ſo.
Die junge Schlange wollte Dir an's Leben.

Eginhard.

Laß es Dich warnen, Herr, Dein koſtbar Daſein
Solchen Gefahren ſtets nicht auszuſetzen.

Karl (in Gedanken).

Seltſame Fügung — nun, wir wollen ſeh'n,

(An den Erker tretend und hinausblickend.)

Ein trüber Morgen ohne Glanz und Duft.
Sonſt lieb' ich dieſen grauen Flor der Tage,
Doch heut' — —

(Zu Gerold))

Laß das Gefolge unterdeſſen
Bereit ſich machen. Harre meines Winks.

(Entläßt ihn mit einer Handbewegung. Gerold ab. Pauſe.)

Nun, Eginhard?

Eginhard.

Herr?

Karl.

Ahnſt Du nicht, daß wir
Uns jetzt vielleicht entſchuld'gen laſſen werden
Beim dritten Leo in der ew'gen Stadt,
Indeſſen wir nach Ingelheim zurück
Den raſchen Huſſchlag unſ'rer Roſſe lenken?

Eginhard.

Wie?

Karl.

Hast Du doch im Lauf der Jahre selbst
Schon wiederholt auf Baiern hingewiesen
Und vor des Landes Fürsten mich gewarnt.

Eginhard.

Gewiß, das that ich; doch Du wichst mir aus,
So oft ich Dir die Sache näher brachte.

Karl.

Weil ich zu früh daran nicht rühren wollte.
Sie schien mir wichtig für die Zukunft mehr,
Als für des Augenblickes Gegenwart,
Und also wollt' ich sie erst dann entscheiden,
Wenn sie gewaltsam zur Entscheidung drängt.

Eginhard.

Vor Deiner Weisheit neig' ich gern das Haupt.
Jedennoch kann ich nicht umhin, zu sagen,
Daß es von Dir ein Wagniß doch gewesen,
Dem Enkel Agilolf's die Frist zu gönnen.
Wenn Du vor Jahren ihn zur Rechenschaft
Gezogen hättest — hätt' er auch das Schicksal
So mancher Herzoge bereits getheilt,
Und Baiern wär' wie Aquitanien,
Wie Alemannien und Thüringen
Dem fränk'schen Reiche längst schon einverleibt.

Karl.

Vielleicht. Doch wie? Wenn ich mir einen Fürsten,
Auf den die Unzufriedenen des Reichs
Schon lange blicken, aufgespart nur hätte,
Um dann zugleich mit ihm die letzte Hoffnung

All' meiner Widersacher nah und fern
Mit einem Schlag für immer zu vernichten?

                    Eginhard.

Dein Blick reicht weit, o Herr. Doch muß es Dir
Auch wirklich dann mit einem Schlag gelingen.
Und wie die Dinge steh'n — — Zwar ist die Macht
Des Herzogs an sich selbst nicht groß; allein,
Wenn er bedroht und angegriffen wird,
Kann er den Longobarden sich verbünden,
Die, wie Du weißt, längst im Geheimen rüsten —
Kann selbst mit den Avaren —

                    Karl.

                         Ja, das kann er,
Wenn er zum Reichsverräther werden will.
D'rum möcht' ich auch in tiefster Seele wünschen,
Daß er freiwillig sich mir unterwürfe
Und ich in Frieden so mein Ziel erreiche. —
Vor Allem, Eginhard: wie steht die Frage
Der Heeresfolge und Botmäßigkeit?

                    Eginhard.

Das läßt sich nicht in kurzen Worten sagen.
Die Frage ist so alt wie Deine Väter
Es heute würden sein, wenn sie noch lebten —
Und dennoch wurde sie noch niemals ganz
Und klar gelös't. Thatsache ist: daß schon
Zwei Bojerherzöge vor Thaffilo
Den Franken dienst= und heerespflichtig waren.
Doch Keiner hat die Pflicht erfüllt — und Jeder
Um seine Unabhängigkeit gekämpft.

Karl.

Doch Thassilo hat uns zu Compiegne
Den Eid der Unterthänigkeit geleistet.

Eginhard.

Das hatten auch die Anderen gethan.
Denn solche Eide, Herr — ganz abgeseh'n
Vom schlimmen Vorbehalt, der meistens sich
Dahinter birgt — verlieren mit der Zeit
Gar sehr an Kraft. Hinfällig werden sie
Schon durch den Wechsel der Verhältnisse.
So hat auch Thassilo wohl Deinem Vater,
Dir selber aber nicht den Eid geschworen.

Karl.

Dann wird er ihn mir jetzo schwören müssen
Im Angesicht der Welt, — vor einem Reichstag,
Den ich zu Ingelheim versammeln will.

Eginhard.

Möcht' es so kommen —

Karl.

Noch will ich es hoffen. —
Nun aber laß allein mich, Eginhard.   (Eginhard ab.)
                                    (Pause.)
Ja denn, ich will es hoffen! Und nicht bloß
Für ihn: nein, daß ich mir's gestehe, auch
Für mich . . . .
                    (In Gedanken auf und ab.)
Ist es ein Zeichen, daß ich älter werde
Und meine Kraft schon auf dem Gipfel hält:
Ich fühle mich, seit ich hier eingezogen,
Wo alles Menschliche mir näher tritt,

Im tiefsten Herzen wundersam ergriffen.
Ja, dieser Herzog, dessen Vater schon
Im stolzen Freiheitskampf gefallen ist;
Die Longobardin, deren Königshaus
Ich einst entthront — und jener Knabe selbst,
Der heute Nacht als rasches Opfer sank —
Sie lassen mich mit einem Mal empfinden:
Genug — zu viel ist um des Reiches willen
Schon Blut geflossen.

(Stehen bleibend.)

Wohlan, es sei!
Versuchen will ich, was die Milde kann.

(Nach rechts blickend.)

Da kommt die Fürstin. Wenn in ihrer Seele
Der Haß noch Raum läßt für ein lichtes Wort,
Versöhn' ich sie — und so vielleicht auch i h n.

Zweite Scene.

Luitberga tritt auf.

Karl.

Sei, Fürstin, mir gegrüßt!

Luitberga.

Auch Du von mir —
Wie man am Morgen Hoffnungen begrüßt!

Karl.

Ein düst'rer Gruß — ob er auch freudig klingt.
Du selbst jedoch bist bleicher noch als gestern.

Luitberga.

Du weißt es doch: ein Todter liegt im Haus.

Karl.

Ich weiß. Beklagst Du ihn?

Luitberga.

Ich nicht. Wohl auch
Sonst Niemand hier; nur seine Mutter weint.
Doch schrecklich ist der Tod, und wenn er auch
Nicht stets versöhnt — so gleicht er Manches aus.

Karl.

Geheimnißvoll ist seine dunkle Macht.
D'rum wünsche Keiner, daß der And're sterbe;
Nur allzubald folgt er ihm selber nach.
Doch jener Todte, den Du nicht beklagst,
Giebt uns zu denken. Mahnen soll er uns,
Nicht uns'res Wesens blindem Drange blind
Zu folgen; nicht das eig'ne Wohl und Weh'
Nur zu ermessen —: auch der And'ren Schicksal!
Auf daß man, prüfend so, zuletzt erkenne,
Was man für sich verlangen kann und darf.

Luitberga.

Wie? Hör' ich recht? Aus Deinem Munde, Karl,
Erklingen diese Worte grell wie Hohn!
Dir steh'n sie an, Dir, Unersättlicher,
Der da in seines fränk'schen Blutes Drang
Rings um sich her Vernichtung walten ließ
Und ohne Scheu die Kronen dieser Welt
Herunter mähte — und die Häupter mit —
Um hundertfach die eig'ne Stirn zu krönen!

Karl.

Erwidern könnt' ich Manches Dir darauf —
Du aber bist ein Weib — und bist die Tochter
Des Longobardenkönigs Desider.
D'rum nehm' ich Deinen Vorwurf schweigend hin,
An dem vielleicht, so wie an jedem Vorwurf,
Genau besehen, etwas Wahres ist.
Doch wenn es Dich, wenn auch versöhnen nicht,
Nur etwas milder, sanfter stimmen kann:
So sag' ich Dir, wie sehr ich jetzt beklage,
Daß es Dein edler, aber schwacher Vater,
Der bei der frechen Eigenmächtigkeit
Der longobard'schen Großen kaum den Schein
Noch aufrecht hielt der königlichen Würde —
Daß er es eben, sag' ich, mußte sein,
Der seines Hauses längst gezählte Tage
Mit jähem Sturze zu beschließen hatte.

Luitberga.

Laß das! In Frieden schlummert er schon längst —
Und an Geschehenem ist nichts zu ändern.

Karl.

Doch Künftigem läßt sich vielleicht begegnen. —
Sieh, Luitberga, ob Du mir auch grollst,
Wie mir, ich glaube, Niemand noch gegrollt;
Ob Du für all das Unheil, das Du mir,
Dem Feinde, wünschest, kaum den Ausdruck findest:
Ich möchte dennoch Dir kein neues Weh'
Bereiten — nicht ein Weh, das tausendfach

Die bitt'ren Schmerzen überwöge, die
Ich Dir ſchon zugefügt.

Luitberga.

Wie faſſ' ich Dich?

Karl.

Wie Du mich faſſen mußt! Zur Fürſtin nicht —
Zur Gattin Deines Gatten ſprech' ich nun.
Die Stunde naht, wo er die ſchmale Grenze
Des Friedens, die jetzt zwiſchen uns noch liegt,
In vorbedachtem Trotze überſchreiten —
Wo er des Rechtes, ſeines Königs Stimme,
Das ſanft're Wort des Vetters und des Freundes
Nicht hören wird —

(Da Luitberga entgegnen will, raſch.)

Ich weiß, daß Du dies wünſcheſt —
Wie ſehr Du's wünſcheſt — aber wünſch' es nicht!
Trachte vielmehr, daß ſeiner Seele Wogen
Zu hohem, höchſtem Gang ſich nicht entbinden.
Verſuch' es, ſie mit dieſer weißen Hand
Zu ſänft'gen — ihn mit zarter Frauenart,
Mit Frauenklugheit auch, zu dem zu bringen,
Was ich ihm nimmermehr erlaſſen kann.

Luitberga.

Du haſt geſprochen — und ich ließ Dich reden,
Weil Du mich unterbrachſt. Doch hör' jetzt mich!
Wie wenig kennſt Du meines Haſſes Grund
Und tiefſte Weſenheit, daß Du verlangſt,
Von mir verlangſt — ich ſprech' es gar nicht nach!
Doch ſieh: Weit eh'r verzichtet auf den Trunk

Der kühlen Labe der Verschmachtende;
Der Fromme auf die ew'ge Seligkeit,
Die Erd' auf Regen und auf Sonnenschein:
Eh' ich verzichte auf des Anblick's Wonne,
Die langersehnte, ihn mit Dir im Kampf
Zu seh'n!

Karl.

Und warum Kampf? Ist denn Versöhnung,
Die aus des Herzens Ueberzeugung quillt,
Nicht edler, würdiger, als sich im Haß —
In aussichtslosem Hasse zu bestärken?
Du willst den Kampf — und nimmst den Sieg voraus.
Doch ich hab' Deines Gatten Untergang
Vor Augen —
                    Lache mir nicht Hohn! Ich selbst,
Ich kämpfte diesen Kampf, bei Gott, nicht gern!
Seit ich nach langen Jahren meinen Vetter,
Den stolzen Sohn der Schwester meines Vaters,
Wieder geseh'n, — seitdem ich weiß, daß er
Es war, der heute Nacht —

Luitberga (rasch unterbrechend).

                    Schlag' das zu hoch
Nicht an! Sein eig'nes Leben war bedroht.

Karl (einlenkend).

Nun denn — seitdem ich ihn — und Dich geseh'n,
Seit unter diesem Dache ich geruht,
Ist mir's — ob Deine Lippe immer noch
Verächtlich zuckt — ist mir's, das glaube mir,
Bei dem Gedanken schon, ihn zu befehden,

Als sollt' ich wüthen gen mein eigen Fleisch.
O laß Dich weicher stimmen, Luitberga!
Wenn er den alten Schwur erneuert mir,
Den seine Väter schon vor ihm geschworen:
Soll Baierns Fürst der nächste meinem Thron —
Soll Thassilo dann außer meinen Söhnen,
Der allernächste meinem Herzen steh'n!

Luitberga.

Und ich erwid're Dir: Eh' dies geschähe,
Eh' ich in unterthän'ger Freundschaft Dir
Verbunden ihn und nahe Deiner Sippe
Gewahren könnte — müßte: eher möcht' ich
Ihn hingestreckt zu Deinen Füßen seh'n!

Karl (ausbrechend).

Versuch' den Himmel nicht! Bei Heeresbruch
Erkennt das fränkische Gesetz auf Tod!

Luitberga.

Mich schreckst Du nicht! Versuch's bei i h m! Gerüstet,
An seiner Mannen Spitze naht er schon.
Mit Worten hab' ich niemals ihn gestachelt,
Das glaube mir. Was er von selbst nicht that,
Das konnt' er lassen — und so sei's auch jetzt.

Karl (für sich).

Es ist umsonst.
(Wendet sich und giebt ein Zeichen nach rückwärts.)

Dritte Scene.

Das Gefolge Karl's, zwei Herolde an der Spitze, erscheint im Hintergrund. Aus
dem Gange rechts aber treten: Thassilo, in kriegerischem Fürstenschmuck,
hinter ihm vier Heerbläser in baierischer Wappentracht. Dann Romuald,
Meligo, Idwin, Gawin und andere Edle und Mannen. Sie begeben sich
auf einen Wink Thassilo's ebenfalls in den Hintergrund, so daß die Baiern
rechts, die Franken links stehen.

Karl (mit raschem Entschlusse).

Willkommen, Thassilo!

Du findest mich mit Deiner Gattin hier,
Der meine Seele tiefer ich erschlossen,
Als ich sie je im Leben bloßgelegt —
Doch sie war blind. Und somit jetzt zu Dir.

(Sich ihm nähernd mit gedämpfter Stimme.)

Hast Du Dir überlegt, was gestern wir —

Thassilo.
Ich überlegt? Was war zu überlegen?

Karl.
Und so beharrst Du —

Thassilo.
Ich beharr' auf nein!

Karl.
Du zwingst mich also —

Thassilo.
Nein; Du zwingest mich!

Karl.
Mein Vetter —

Thassilo.
Laß den Vetter aus dem Spiele.

Du brauchst, bei Gott, nicht erst zu mahnen mich
An meinen Oheim und an jene Zeit,
Wo ich als Geißel meiner Freiheit lebte,
Als Unterpfand der Knechtschaft meines Landes!

Karl.

Das Dir mein Vater willig ließ — vielmehr
Dir gern zurückgab, ob Dein Vater auch
Es längst verwirkt.

Thassilo.

So nennst Du es verwirken,
Daß Herzog Odilo der Sclave nicht
Von seines Weibes Bruder wollte sein —
Jedoch im Kampf der Uebermacht erlag?
Und meinst Du gar, daß ich, sein Sohn, dem König
Pipin ein dankbar Angedenken noch
Bewahren müsse, weil er mir zurück gab,
Was mir gehörte — unter Vorbehalt
Der Schmach, die sich auf mich vererben sollte?

Karl.

Beim Himmel, solche Worte, Thassilo —

Thassilo.

Ich dachte mir, Du hättest sie erwartet,
Obgleich ich nicht wie jener eitle Narr,
Der heute schweigen lernt auf dunkler Bahre,
Mit lauter Zunge mich zur Schau getragen.
Doch seh' ich jetzt, Du bist wie diese Welt,
Die immer Worte braucht, um zu versteh'n.

Karl.

Das glaube nicht! Ich kannte Deinen Stolz —

Und Deinen Haß, ob Du ihn auch verbargst,
Und mahne Dich jetzt nur an Deine Pflicht.

Thassilo.

An meine Pflicht? Ich kenne Pflichten nur,
Die ich mir selber auferlegt!

Karl.

An Deinen Eid —

Thassilo.

　　　　　Wofern Du mich durchschaun,
Wirst Du auch wissen, daß ich diesen Eid
Zwar mit den Lippen schwor — doch mir dabei
Im Innersten gelobt, ihn nicht zu halten!

Karl.

Du wirst ihn halten müssen, wenn Du nicht
Dein widerspenstig Haupt verlieren willst!

Thassilo.

Mein Haupt sitzt fester mir auf starken Schultern,
Als auf dem Deinen Deines Reiches Krone.
Denn wenn ich es bis jetzt auch stets verschmäht,
In Deiner Siegesbahn Dich aufzuhalten:
So bin ich doch, das glaube mir, der Mann,
Wenn Du bestehst auf meiner Unterwerfung,
Dir das, was ich Dein Schwert erobern ließ,
Mit meinem Schwerte wieder abzunehmen!

(Das Gefolge der beiden Fürsten, von dem Wortwechsel angezogen, ist
unwillkürlich näher getreten. Die Baiern mit Zeichen der Ueberraschung.
Meligo und Romuald, so wie Luitberga, die in leidenschaftlicher Er-
regung schweigend den Kampf mitkämpft, folgen in freudiger Spannung
den Reden des Herzogs.)

Karl.

Haft Du vielleicht auch dieses Dir gelobt —
Schon damals Dir gelobt?

Thaffilo.

Es könnte sein!

Karl.

Nun, um so eher kann ich jetzt mich faffen.
So weit ist noch die Ordnung nicht der Dinge
Verkehrt, daß dieses Reich, das ich im Geist
Gegründet und, durch meines Wollens Kraft,
In langer Jahre Müh'n geschaffen habe:
Mit einem Mal, geköpfter Distel gleich,
Geschwelltem Hochmuth falle in den Schooß.
Ich sehe jetzt, es hieße arg Dich strafen,
Wenn ich erwünschten Anlaß Dir benähme,
Den lang gehegten Vorsatz zu entbinden —
Und Dich ersticken ließe in Dir selbst.
Zu solchem Spiel doch bin ich nicht berufen;
Denn Höh'res gilt es nun: das Land der Baiern
Für alle Zeit dem Reiche zu erhalten.

(Zustimmung von Seite der Franken.)

Thaffilo (gegen sein Gefolge).

Habt Ihr's gehört, Ihr Baiern? Her zu mir!

(Die Baiern gruppiren sich um ihn.)

Hier wird verhandelt über Euer Schicksal.
Ihr seid erstaunt — und Mancher blickt bestürzt,
Betroffen? Nun, es kann nicht anders sein.
Ihr habt ja nicht geahnt, daß Euer Herzog
Schon längst auf diese Stunde nur gewartet,

Wo er sich zeigen kann in seiner Macht.
Nicht hinter jenes Königs Rücken wollt'
Ich mich erheben, nicht verfrüht und spinnend
Unlaut're Ränke: nein, von Angesicht
Zu Angesicht, ihm fest in's Auge blickend,
Damit sich so im off'nen Kampf erweise,
Daß Agilolf vor Heristal besteht!

(Unwille auf Seite der Franken.)

MELIGO (mit der Mehrzahl der Baiern).

Hie Agilolf!

IDWIN (für sich).

Träum' ich —

GAWIN (für sich).

Was soll das jetzt —

LUITBERGA (für sich).

Nur still, o Herz!

KARL.

Das hoffe nicht!

THASSILO.

Ich hoffe,
Nicht mehr, nicht wen'ger, als man hoffen darf,
Wenn leise nur des Schicksals Wage schwankt.
Vermagst Du es zu leugnen, daß wir jetzt —
Und dieses war es, was mein Herz ersehnt —
Uns gegenüber treten, gleich und gleich?
Es folgt der Süden, folgt der Osten mir
Auf meinen Wink — und wenn ich Dich besiege,
Ist auch das Reich vernichtet, das Du schuf'st —
Mit ihm vernichtet Deines Hauses Größe!

Karl (der inzwischen immer ruhiger geworden).

Du meinst?

Thassilo.

Der Franken Herrschaft geht zu Ende:
Von ihrem höchsten Gipfel stürz' ich sie!
Und selbst wenn ich Dir unterliege, wird
Dein Reich, das glaube mir, nicht fortbesteh'n.
Schon jetzt bist Du gezwungen, es zu theilen —
Und Deine Söhne werden's wieder theilen;
Sie werden hadern d'rum und sich bekämpfen,
Bis es zerfällt wie es geworden ist!

Karl.

Nun gut! Nun gut! Noch aber ist das Reich,
Sein König bin ich noch — und halt' als solcher
An meinem Anspruch, der mir heilig, fest.
Noch einmal mahn' ich Dich — ich mahn' sie Alle,
Die hier an Deiner Seite steh'n.

(Sich gegen sein Gefolge wendend.)

Herolde!

(Die zwei Herolde treten vor und blasen auf des Königs Wink eine
kurze Fanfare.)

Wir, Karl, der Franken König, wir entbieten
Den Herzog Thassilo nach Ingelheim —

Thassilo (ihm entgegen).

Spar' Deinen Odem, denn Du wirst mich seh'n —
Doch anders als Du meinst!

(Zu seinen Heerbläsern).

Drommeten, schmettert
Der Bojoaren alten Schlachtenruf!

Gerold (der sich Karl mit dem Ausdruck zornigen Unwillens
genähert hat).

Mein Herr und König —

Karl.

Laß ihn — kommt!

(Er geht rasch mit seinem Gefolge ab, während die baierischen Heerbläser eine wilde Fanfare ertönen lassen und Thassilo und Luitberga,
welch' letztere inzwischen dicht an seine Seite getreten ist, den Abgehenden
mit hocherhobenem Haupte nachblicken. Die Baiern, mit Ausnahme
Irwin's und Gawin's, die nachdenklich stehen, in gleicher Haltung.)

Thassilo (zu Luitberga).

Nun, Du mein schönes, theu'res, stolzes Weib,
Bist Du zufrieden jetzt? Bist Du zufrieden?

Luitberga.

O Du mein Thassilo! Mein Held! Mein Gatte!
So küss' ich Dich — und so — und so — und preise
Mit seligem Entzücken diese Stunde,
Die meinem Herzen ganz Dich wieder giebt!

(Während sie sich leidenschaftlich umarmen, fällt der Vorhang.)

Ende des dritten Actes.

Vierter Act.

Derselbe Schauplatz.

Erste Scene.

Meligo und der Avarenhäuptling Tutun treten auf.

Meligo.

Wir sind zur Stell'.

Tutun (umher blickend).

Dies also Thassel's Burg?
Wie sie sich stolz und finster wölbt! — Seltsam,
Wo Berge steh'n, da thürmt sogleich der Mensch
Auch einen ew'gen Bau aus Stein darauf
Und horstet gleich dem Geier mit der Brut.

(Hinter der Scene wird eine Glocke geläutet.)

Welch' ein Geläut' ist das?

Meligo.

Zur Messe.

Tutun.

Messe?

Meligo.

Der Priester opfert, und wir knie'n und beten.

Saar, Thassilo.   6

Tutun.

Um dieſe Stunde? Sieht man es doch gleich,
Daß Ihr der Steppe Sonnenbrand nicht kennt!
D'rum ſeid ihr laut bei Tag und ſtill bei Nacht.
Bei uns iſt's umgekehrt. Wir athmen auf
Erſt wenn der Feuerball im Weſten ſinkt
Und unſ're Roſſe mit gedehntem Wiehern
Den feuchten Mond begrüßen. — Und Ihr betet
Täglich?

Meligo.

Wir ſollen es.

Tutun.

Wir aber beten
Nur vor der Schlacht und opfern dann das Blut
Erſchlag'ner Feinde.

Meligo.

Und es heißt, Ihr trinkt
Es auch. Nun aber komm', ich führe Dich
Zu unſ'rem Herzog, der Dich ſchon erwartet.

(Ab mit Tutun in den Gang rechts.)

Zweite Scene.

Luitberga tritt von der rechten Seite des Hintergrundes auf und bewegt ſich
nach dem Gange links. Rotrudis folgt ihr in einiger Entfernung.

Luitberga (bleibt ſtehen und wendet ſich).
Was folgſt Du mir?

Rotrudis.

Wer sagt Dir, daß ich's thue?
Die Luft, die ich durchschreite, und der Boden,
Auf den ich trete, sind doch frei! Ich gehe
Hierhin und dorthin, wie es mir gefällt;
Daß Du vor mir gehst, kann mich wenig kümmern.

Luitberga.

Doch tauchst Du stets und überall empor.

Rotrudis.

Wie ein Gespenst, nicht wahr? Und bin's doch nicht.
Vielleicht erblickst Du ein's an meiner Seite.

Luitberga.

Nein. Willst Du zur Kapelle? Dann ist's gut.
Dir ziemt's, zu beten — und ich will Dich gern
An meiner Seite knieen lassen.

Rotrudis.

So!
Das möchtest Du gestatten? Welche Großmuth!
Doch mein Gebet ist einsam, wie ich selbst;
Der Himmel aber, weiß ich, wird's erhören.

Luitberga.

Er wird es nicht. Rotrudis, geh' in Dich!
So nicht versöhnst Du Dich mit Deinem Schicksal.
Du nennst Dich einsam — ja Du bist es auch,
Weil Du's unmöglich machst, das And're mit
Dir trauern. Sieh', wenn ich der Mutter Schmerz
In Dir nicht überwuchert und erstickt
Von bösen, finsteren Gedanken wüßte:
Vielleicht könnt' ich — ich selber mit Dir weinen,

6*

Was auch der Todte gegen mich verbrochen.
Die Art jedoch, mit der Du ihn beklagst,
Macht ihn in meinen Augen stets lebendig,
Und also ist es mir, Du habest Nichts
Verloren.

(Geht nach links.)

Rotrudis.

Geh' nur, geh' und bete heiß
Um Deines Gatten Sieg!

Luitberga.

Das thu' ich nicht;
Die Zeit der Bittgebete ist vorüber.
Ich will nur, da wir heut' die Burg verlassen,
In der ich harrte, duldete und litt,
Und mir geworden, was ich heiß ersehnt,
Dem Ewigen aus tiefster Seele danken.

(Ab in den Gang links.)

Rotrudis (nachblickend.)

Die Thörin! Wie ein Felsen ist ihr Glaube! .
Doch um so wuchtiger wird sie zerschmettert,
Wenn er in's Wanken und in's Stürzen kommt!
Ja, bleicher Sohn, der Du da unten schläfst
Den ew'gen Schlaf, Du wirst gerächt, furchtbar
Gerächt — und Deine Mutter rührt auch nicht
Den Finger! Diese Augen, die so eisig
In Dein's geblickt und doch so tief gezündet,
Sie sollen weinen, weinen zur Erblindung.
Vernichten über Nacht soll jäher Schmerz
Der Schönheit Nachglanz, der Dich elend machte —

Und Wahnsinn treffen das hochmüth'ge Weib,
Das sich berauscht am Schein der Heldengröße,
Zu der ihr Gatte sich empor geprahlt! —

(Pause. In Gedanken.)

Zwar wogt es kriegerisch bereits im Lande —
Das Wort des Herzogs, scheint es, traf in's Volk,
Und auch die Großen, die man hier versammelt,
Sie stimmen lauter oder stiller zu.
Doch Alle — Alle nicht. Der finst're Machelm,
Der Agilolfe alter Widersacher —
Der eitle, schwanke Andechs, der schon damals,
Als er, der Lüsterne, um mich geworben,
Erwartend nach der Herzogskrone schielte:
Die spielen jetzt, ich merk's, verdecktes Spiel.

(Umblickend.)

Da kommen sie, die das Verhängniß schürzen.
Glück auf, Ihr Herrn! Ich harre Eures Werks.

(Ab nach rechts.)

Dritte Scene.

Aribo von Andechs und Machelm auf Velas sind inzwischen aufgetreten
und kommen aus dem Hintergrund nach vorn.

• Andechs (nach rechts blickend).

Wer war die dunkle Frau'ngestalt?

Velas.

Du fragst?

Rotrudis war's! Die Du geliebt!

Andechs.

Bei Gott,
Ich liebte sie! Mir pocht noch jetzt das Herz
Beim Namen bloß.

Velas.

Nach fünfundzwanzig Jahren —
Das sieht Dir gleich! Ein wahres Glück, daß Du
Nicht Wittwer bist. Jedoch im Ernst gesprochen:
Hätt'st Du sie mehr, als bloß dem Namen nach
Geliebt: so wäre sie auch Dein geworden.

Andechs.

Was soll das heißen? Weißt Du doch so gut
Wie ich, daß sie mich höhnisch ausgeschlagen
Um Grifo's willen, der mit nicht'gem Anspruch
Auf einer Krone Drittel sie geblendet.

Velas.

Das geht nun so! Fürwahr, sie büßt es jetzt.
Und dennoch glaube mir: wenn ich geliebt
Sie hätte, blieb ihr auch dies Loos erspart.
Den fränk'schen Bastard hätt' ich hingeschlachtet
Vor ihren Augen — und sie bei den Haaren
Nach Velas in das Ehebett geschleift.

Andechs.

Ja, Du!

Velas.

Ja, ich! Mein eig'nes Weib indessen,
Das folgte willig, ohne Widerrede.
Denn wenn auch dies Geschlecht zu fackeln liebt,
So merkt es doch den echten, rechten Ernst,

Dem es zuletzt sich freudig unterwirft.
Dir aber ist's mit gar nichts Ernst. Du willst
Nur stets bedauert sein und liebst zu klagen
Um das Verlor'ne, das Du nie besessen,
Weil Du's im Grunde nie besitzen wolltest.
So auch der Baiern Herzogskrone nicht,
Die jetzt zum zweiten Male sich Dir bietet.

Andechs.

Sich bietet?

Velas.

Bietet — und die Dir gebührt,
Weil sie gebührt der Andechs edlem Stamme,
Wofern sie Thassilo genommen wird —
Sei's, daß er sie verwirkt, sei's, daß er stirbt,
Und so mit ihm, dem Kinderlosen, auch
Endlich des Agilolf Geschlecht erlischt.
Doch g'rade deßhalb und weil es so ist,
Willst Du sie nicht, beginnst bereits zu zaubern
Und springst vielleicht mit raschem Satz in's Garn,
Das man so unvermuthet uns gestellt.

Andechs.

Ach was! Wann, frag' ich Dich, hat denn der König
Nachfolger eingesetzt in einem Lande,
Wo er das Herzogshaus entthront?

Velas.

Nun gut.

Doch Du vergissest, daß Dir dann noch mehr
Entgeht, als eine zweifelhafte Krone.
Denn Du verlierst Dein Andechs noch dazu —

Und Alles, was daran und neben hängt.

Rebell'scher Fürsten Unterthanen straft

Das fränkische Gesetz gleich ihren Herr'n!

Andechs.

Wenn wir besiegt sind — aber wenn wir siegen?

Velas.

Ha! Ha! Ha! Ha!

Andechs.

Du zweifelst, weil Du stets

Des Herzogs Untergang gewünscht.

Velas.

Da hast

Du Recht: ich wünsche, daß er untergehe.

Damit Du siehst jedoch, daß mich mein Haß

Nicht blendet und verblendet, sag' ich jetzt:

Ja, es ist möglich, daß wir siegen können —

Wenn Alles zutrifft, wie es treffen soll.

Dies aber ist die Frage. Von Italien

Erwart' ich nichts —

(Da Andechs Einwendungen machen will.)

Nun gut, nicht allzu viel.

Der Herzog Rotgaud von Friaul, das ist

Der Einz'ge von den longobard'schen Fürsten,

Der rasch in's Zeug geht; all' die And'ren schwatzen

Und zanken sich, anstatt mit Macht zu rüsten.

Und eh' das träge griechische Geschwader

Sich vor Ravenna legt — kann es schon zehnmal

Mitsammt dem Prinzen und den Landungstruppen

Auch in der Atria gescheitert sein.

Was aber die Avaren anbetrifft,
So ſchlöß' ich lieber einen Bund mit Wind
Und Wetter, als mit dieſem Steppenvolk.

Andechs.

Nun allerdings; bedenklich iſt ſo Manches —
Doch bei der allgemeinen Stimmung, die —

Velas.

Was nennſt Du allgemein? Die da dem Herzog
Am nächſten ſteh'n, ſind auch für ihn gewonnen —
Und die nicht ſämmtlich! Daß ſich uns Gawin
Schon angeboten, weißt Du; doch Irwin
Auch zieht die Stirn in ſeltſam tiefe Falten —
Nun immerhin! Sonſt aber halten die
Vom Traungau nur mit ihren Sippen — Vohburg —
Und Hohenbogen etwa: alle Andern
Sind mehr erſtaunt, als überzeugt; nicht Fleiſch,
Nicht Fiſch! Kein Wunder iſt's, da Thaſſilo
So lang und unverzeihlich uns genarrt. —
Und dann des Landes Biſchöfe und Aebte,
Die es mit Rom ſich nicht verderben wollen,
Wo man die Kaiſerkrone ſchon für Karl
Bereit hält —

(Umblickend.)

Sieh', da kommt der Abensberg!
Gieb Du nur Acht, wie ich den faſſen will,
Und wie der Pfaffenknecht zu Kreuze kriecht.

Vierte Scene.

Suitgar von Abensberg tritt auf.

Abensberg.

Schon da, Ihr Freunde? Nun, wo ist der Herzog?

Velas.

Wo wird er sein? Verhandlung pflegt er noch
Mit einem Häuptling der Avaren.

Abensberg.

So.

(Geheimnißvoll.)

Euch Beiden, denk' ich, kann man sich eröffnen.
Dies Bündniß, Freunde, will mir nicht gefallen.

Velas.

Gefallen! Wem gefällt's? Man muß es eben
Geschehen lassen — und darauf gefaßt sein,
Die wilden Schwärme, die man sich so lang
Vom Leib gehalten, nun im Land zu haben.
Die werden hausen! Aber meinetwegen!
Ich bin kein Abt, der Klosterschätze hütet.

Abensberg.

Wie meinst Du?

Velas.

Ihre Spuren werden sie
Weithin am Weg durch Plünderung bezeichnen.
Und goldene Monstranzen, Weihrauchfässer —
Reliquienschmuck sind ihre liebste Beute.
Das Kloster Eichstädt, das Du jüngst gegründet

Und, wie man sagt, verschwend'risch ausgestattet,
Liegt ihnen sehr bequem.

Abensberg.

Ja, in der That;
Das fürcht' ich selbst —

Velas.

Und obendrein: dies Bündniß
Kann von uns Jedem auch den Kopf noch kosten.
Denn nimmt es König Karl für Reichsverrath —
Woran im Grunde nicht zu zweifeln ist:
So sind wir Großen mit dem Fürsten schuldig.

Abensberg.

Das hab' ich vorhin schon bedacht. Allein
Was läßt sich thun?

Velas.

Nichts! Gar nichts, Freund! Nur schweigen
Und mir vertrau'n. Verstehst Du? Mir allein!
Willst Du?

(Umblickend.)

Doch still, da kommt der Adelbert
Mit seinem Sohn — und gleich sein ganzer Anhang.

————————————

Fünfte Scene.

Adelbert vom Traungau, sein Sohn Engilwan und noch mehrere baierische
Große treten auf.

Adelbert (rasch heran).

Grüß' Gott, Ihr Herren! Wißt Ihr's schon? Ein Theil

Des fränk'schen Heeres ist bereits im Anzug —
So wenigstens ward eben mir die Meldung.
Da heißt's, beim hohen Himmel, sich beeilen!

Velas.

Nun, nun, nun.

Adelbert.

Was? Ich kann Dich nicht begreifen —
Und Du auch, Andechs, stehst gelassen da,
Indeß die Ungeduld mein Herz bestürmt,
Seit Wochen schon!

(Auf seinen Sohn weisend.)

Auch dieser Junge da,
Wie Ihr ihn seht mit seinen sechzehn Jahren,
Ist kaum zu halten mehr. Er reitet uns
Noch eines Tags allein vorauf.

Velas.

Nur zu!

Dann ist er kühner noch, als unser Herzog.

(Nach rechts deutend.)

Der aber kommt dort — mit ihm der Avar.
Wir könnten stören, zieh'n wir uns zurück.

(Begeben sich in die Vorhalle.)

Sechste Scene.

Thassilo, Tutun, Meligo, Idwin, Gawin kommen von rechts.

Thassilo (zu Tutun).

So hast Du, was ich sagte, wohl begriffen?

Tutun.

Gewiß, ich hab's. Es war auch nicht so schwer —
Und unser Chagan wird es überlegen.

Thassilo.

Nicht allzu lang. Denn jede Säumniß trifft
Euch selbst.

Tutun.

Je nun; Dich würde immer sie
Am schwersten treffen. — Aber, Herzog, sage:
Warum hast Du uns damals abgewiesen?

Thassilo.

Was stellst Du abermals jetzt diese Frage?
Ich sagte ja: das braucht Euch nicht zu kümmern.

Tutun.

Und wenn's uns kümmert?

Thassilo.

Könntet Ihr die Gründe
Doch nicht versteh'n.

Tutun.

Nun ja, ganz recht. Doch, Fürst,
Wie steht es um die Bürgschaft?

Thassilo.

Bürgschaft? Was!
So kommst Du auf Dein erstes Wort zurück,
Nachdem ich auf's bestimmteste erklärt —

Tutun.

Das thun wir immer.

Thaſſilo.

Nun, ſo wiederhol' ich's:
An eine Bürgſchaft iſt hier nicht zu denken.

Tutun.

Nun ja, ganz recht. Doch nenn' es Bürgſchaft nicht —
Nenn's Lohn, nenn's Preis! Denn Etwas muß doch ſein!
Verbrief' ein Land uns — etwa ſo ein Stück
Italien. Es gelüſtet uns ſchon längſt,
Den Spuren König Etzel's nachzureiten.

Thaſſilo.

Du biſt ein Thor — und Thoren ſeid Ihr Alle,
Wenn Ihr Italien zur Sprache bringt.
Wer denkt jetzt an den Süden? Nordwärts geht
Und weſtwärts unſer Weg. Den mögt Ihr reiten,
Wie Ihr ihn damals hattet reiten wollen.

Tutun.

Hm — hm — hm — hm —

Thaſſilo.

                    Was ſchüttelſt Du den Kopf
Bedenklich neuerdings nun hin und her,
Nachdem Du früher Allem beigeſtimmt
Und einverſtanden Dich bereits gezeigt?

Tutun.

Das thun wir immer. Unſer erſtes Wort
Iſt ja — dann aber folgt das Nein.

Thaſſilo (ausbrechend).

                                   Avar!

Tutun.

Der bin ich, ja. Tutun, der Häuptling bin ich.

Doch Herzog Thäffel, sage mir einmal:
Wie wär' es denn, wenn wir am Tag der Schlacht,
Wo Du uns sehen willst an Deiner Flanke,
Dir plötzlich in den Rücken fielen?

Thassilo (ruhig).

Nun,

Dann könnte nur gescheh'n, daß Ihr die Franken
Zusammt den Baiern zu bekämpfen habt.

Tutun.

Meinst Du? Ich aber, sieh, ich glaub' vielmehr,
Daß dann die Baiern in die Mitte kämen —
Und daß vielleicht der große König auch
Um diesen Preis abstände von dem Zug,
Den er, wie Du, um uns zu schrecken, sagst,
Schon nach Pannonien beschlossen hat.

Thassilo (kalt).

Tutun, ich seh', Du bist ein kluger Häuptling,
Ein feiner und verschlag'ner Kopf. Mit Dir
Zu markten, fühl' ich länger mich, beim Himmel,
Nicht mehr gewachsen; auch erwartet Dich
Schon das Geleite, das Dich heimwärts bringt.
Nur noch ein letztes, allerletztes Wort.
Merk' auf und horche zu, was ich Dir sage,
In aller Ruhe, alles Ernstes sage:
Wenn Ihr das Bündniß abweis't, das ich biete,
So werdet Ihr, dort an der Thissa Ufern,
Sammt Eu'ren Rossen, Ringen und Gezelten
Mit Stumpf und Stiel vernichtet von den Franken.
Das ist die Bürgschaft, die ich jetzt Euch gebe.

Tutun (nach einer Pause).

Nun ja, ganz recht. Dein Wort hab' ich vernommen —
Und unser Chagan wird es überlegen.

(rasch ab.)

Thassilo.

Verdammter Heide! Fassen hätt' ich ihn
Bei seinen buntdurchflocht'nen Zöpfen mögen!

Gawin.

Daß man die Hunde braucht!

Thassilo.

                    Man braucht sie aber,
Wenn man das fränk'sche Heer im Feld des Lech's
Umzingeln, schlagen — und zermalmen will.
Und das, begreift Ihr wohl, das muß gescheh'n.

Gawin.

Und wenn sie uns im Stiche lassen?

Thassilo.

                    Dann
Hab' ich verrechnet mich — nicht Du!

Meligo.

                    Laß nur!
Sie werden kommen, Herr! Sie spreizen sich,
Das ist das Ganze — wollen fühlen lassen,
Daß man sie braucht —

Thassilo.

                    So ist's. Wie von der Flamme
Der nächt'ge Falter angezogen wird,
So auch dies Volk von diesem Kampf: es fühlt,
Daß sich des Ostens Schicksal nun entscheidet.

Ein And'res ist, ob sie zur rechten Stunde
Auch nahen werden; ob sie, dummstolz zögernd,
Nicht doch zuletzt den Augenblick versäumen.
Und noch ein And'res, das mich schwerer drückt:
Wie man sie hier im Zaume halten wird.
Doch das zu überlegen, ist jetzt nicht
Die Zeit. Vor allem gilt es, daß sie kommen.
Und Dir, Meligo, sei es anvertraut,
Sie unserer Erwartung zuzuführen.
Begieb Dich alsogleich zu jener Schaar,
Die an der Grenze steht; spar' nicht die Boten,
Wofern Du Lauheit merkst, und wenn die Horden
Sich bei Carnuntum zeigen, lenke sie
Dem Ziel entgegen, das ich vorgezeichnet.

Meligo.

Es soll gescheh'n. Ich bring' sie an den Lech —
Und wenn es Gott will, auch zur rechten Stunde!

(Ab.)

Thassilo (nach einer Pause).

Gawin!

Gawin.

Herr —

Thassilo.
Du sinnst Verrath!

Gawin.

Ich?

Thassilo.

Du!

Ich weiß seit Jahren schon Dich unzufrieden,

Saar, Thassilo.   7

Weil ich mein Land mit Deiner Hülfe nicht
Um Asien wenigstens vergrößert habe.
Und also hast Du es auch stets bedauert,
Daß Du nicht fränk'scher Feldherr bist, nur meiner.
Das kannst Du ändern noch. Der Weg steht frei.
Der König wird mit Freuden Dich empfangen;
Denn tapf're Kämpen sind ihm stets willkommen.
Doch wenn Du hier mißgünstig mir den Sieg
Vereiteln wolltest — hüte Dich!

(Sich wendend.)

Sieh' da,

Die Mächtigen im Lande!

(Andechs, Velas, Abensberg, Traungau und die Uebrigen kommen nach
vorn, wo sie sich um Thaffilo gruppiren.)

Seid willkommen

Zum Abschied! Denn Ihr reitet noch zur Stunde.
Hofft Ihr gerüstet Alles schon zu finden
In Eu'ren Gau'n?

Adelbert.

Für meinen steh' ich — bis

Zum Inn!

Der Anhang Adelberts.

Auch wir! Auch wir!

Thaffilo (zu Velas).

Und Du?

Velas.

Mein Volk

Wirst Du, ich zweifle nicht, in Waffen seh'n —
Und auch des Andechs' sein's.

Thassilo.

Du sprichst für Beide —
Dann ist es gut.

(Zu den Versammelten.)

Und nun lebt wohl! Um was
Sich's handelt, wißt Ihr. König Karl ist rasch —
Und zaudert nicht. In Dingolfing erwart'
Ich Euch und Eu're Schaaren.

Adelbert.

Auf in's Feld!
Und Kampf und Sieg!

Adelbert's Anhang.

Und Kampf und Sieg!

Velas (Andechs und Abensberg bedeutsam in's Auge fassend).

Und Kampf
Und Sieg!

(Alle ab bis auf)

———————

Siebente Scene.

Thassilo. Idwin.

Thassilo (nach einer Pause).
Du schweigst, Idwin?

Idwin.

Ich schweige, weil ich
Nicht heucheln kann.

Thassilo.

Wer fordert das von Dir?

7*

Hier heuchelt Keiner — selbst nicht meine Feinde;
Denn Alle wissen, daß ich sie durchschaue
Bis auf den Grund, so wie Forellenbäche.
Sprich immerhin — und wenn's das Schlimmste wäre.
Nur steh' nicht da, so ganz in Dich versunken,
Als wär' Dein Ohr geschlossen und Dein Auge.

Jdwin.

Was soll ich sagen, Herr? Mein Inn'res ist
Verwirrt — durch Dich verwirrt seit jeher schon.
Was ich in Zeiten voller Kraft ersehnt,
Was ich, von Zweifeln hin und her geworfen,
Allmälig aufgab — plötzlich ist es da.
Und nun kann ich nicht jubeln mehr — nur wünschen,
Daß es für mich allein zu spät gekommen.

Thassilo.

So glaubst Du —

Jdwin.

Glauben? Nein. Ich fürcht' es nur.

Thassilo.

Wenn Du es fürchtest — o dann ist es gut!
Denn dann, ich weiß, wirst Du auch Alles thun,
Was Du vermagst, dies drohende „zu spät"
Von Deinem Herrn und Herzog abzuwenden.
Du wirst dem fränk'schen Heer entgegenzieh'n,
Das sich bereits den Alpen zubewegt,
Um dort die Longobarden anzuhalten;
Du wirst es schlagen, es vernichten, wirst
Dich mit dem Herzog von Friaul vereinen —

Und mir mit ihm am Lech den Sieg bereiten,
Den ganzen, vollen Sieg, den ich bedarf!

Idwin.

Ich will's versuchen, und den letzten Tropfen
Von meinem alten Blute setz' ich ein.
Denn ob ich Dir, wie Mancher, grollen könnte,
Ich bleibe t r e u, und seit ich wahrgenommen,
Wie Du die Menschen um Dich her erkennst,
Bewund'r ich Dich — wenn ich den Schwingungen
Auch Deiner Seele nicht mehr folgen kann.
Leb' wohl, o Herr! Es werde Dir der Sieg,
Der ganze, volle Sieg, wie Du ihn hoffst,
Und nimmer räch' es sich, daß mit der Welt —
Mit Deinem eig'nen Schicksal Du gespielt!

(216.)

Thassilo (allein).

Gespielt. Beim Himmel, ja: ich hab's gethan —
Wofern es spielen heißt, die Pfade meiden,
Die uns die Welt mit kurzem Blicke weif't,
Und jeder Forderung sich stolz entzieh'n,
Um nur der eig'nen Brust genug zu thun.
Wenn's H o c h m u t h war, war's auch ein H o c h g e f ü h l,
Das selbst den Sturz in alle Tiefen lohnt.
O wer erfaßt mich hier!? Was frag' ich noch?
Mein Weib!

———

Achte Scene.

Luitberga kommt aus dem Gange links.

Thassilo (ihr entgegen).

Nun, Luitberg', hast Du gebetet?
Hast Du die volle Seele Dir entlastet?

Luitberga.

Ich konnt' es nicht. Wohl lag ich auf den Knie'n,
Doch die Gedanken blieben eingehüllt
In jene gold'ne Wolke, die mein Haupt
Im Wachen und im Träumen jetzt umschwebt.
Wie tief empfind' ich es: das Glück betäubt
So wie der Schmerz. Der Ew'ge wird's ermessen
Und mir vergeben, daß ich nicht gebetet.

Thassilo.

Du hast es doch gethan; Du weißt's nur nicht.

Luitberga.

So gerne hätt' ich ihm gedankt! Woher
Jedoch die Worte nehmen, da er mir
Den höchsten Wunsch erfüllt?

Thassilo.

Den höchsten Wunsch?
Das sagst Du, da erst Alles zu erringen —
Da sich erst Alles noch entscheiden muß?

Luitberga.

Entscheiden?

Thassilo.

Ja, mein Herz! Vergissest Du,

Daß jetzt der Kampf beginnt? Daß ich den Sieg
Mir zu erringen habe? Und das ist
Bei Gott, nicht leicht. Der Franke naht gewaltig,
Und hier — daß ich Dir's nur gestehe — hier
Ist Alles nicht — nicht ganz so, wie ich's möchte.
Im eig'nen Lande zähl' ich tück'sche Feinde —
Und dann — verschwiegen hab' ich Dir's bis nun —
Die Bundesfreunde sind so eifrig nicht,
Als sie in Worten sich den Anschein gaben.
Wie? Wenn Dein Gatte sich zu hoch vermessen?
Wenn er, aus seiner Größe Traum gerüttelt,
Sich plötzlich sagen müßte: es ist aus!

    Luitberga.

Nun und?

    Thassilo.

  Wie?

    Luitberga.

    Meinst Du denn, daß ich Dich messe
Nach dem, was Dir jetzt noch gelingt, was nicht?
Daß Du gewollt, was ich von Dir erwartet,
In meinen jungen Tagen stolz erwartet,
Ist mir die seligste Erfüllung schon!
O sieh', so ohne Wunsch mehr bin ich jetzt,
Daß ich Dir sagen könnte: laß es sein!
Wirf ihm, dem ewig Fordernden, das Land,
Das er noch nicht besitzt, wirf es ihm hin,
Dein Baiern! Haben soll er es — und auch
Die Erde noch, so weit sie reicht, dazu.
Er mag sie ganz erobern und beherrschen,

Wenn er uns nur den Strahl der Sonne läßt,
Der uns das Haupt bescheint!

Thassilo.
Luitberga!

Luitberga.

Ich sehe doch, daß Du es nicht bemerkt,
Wie sich mein Innerstes verwandelt hat;
Wie ich jetzt gern im Zwingergarten weile,
Der Amsel horchend und den Flug des Falters
Belauschend, der sich über Blumen wiegt.
Ja, alles Dunkle, das ich einst in mir
Verschloß, hat jetzt sich aufgelöf't in Licht —
In helles Licht! Stolz, Hoffahrt, Haß und Nachsucht,
Die ganze Schaar der schrecklichen Dämonen,
Die sonst in meine Seele sich getheilt:
Mir ist, ich hätte nimmer sie gekannt —
Dich groß zu seh'n, als hätt' ich's nie gewünscht!
Und wenn ich früher nur von Schlachten träumte,
Von blut'gen Siegen, welche Du erstritten,
So träum' ich jetzt: wir Beide wandeln still
Auf einem grünen, sanft umspülten Eiland,
Von Allem fern, was da die Menschen treibt,
Sich wie die Tiger grimmig anzufallen.

Thassilo.

O Du!

Luitberga.

Doch freilich: so kann es nicht sein.
Denn halten mußt Du, was Du rings der Welt —

Was Du Dir selbst versprochen hast. Ich weiß,
Du wirst es! Und so darf kein Zweifel uns,
Auch nicht der leiseste, die Brust beschleichen.
Sonst müßt' ich ja in Sorge mich verzehren;
Ich müßte fürchten, zittern — für Dich zittern —
Anstatt mit hoher Zuversicht Dich jetzt
Als eines Helden Gattin zu begleiten.

(An ihn geschmiegt.)

Mein Thassilo, wirst Du es nicht mißdeuten?
Sieh': ungesegnet ist mein Schooß geblieben.
Und früher, da ich noch an Dir gezweifelt,
Dankt' ich dem Himmel oft, daß es so war —
Daß nicht ein Sohn vielleicht des Vaters Wesen
Ererben könnte — oder es mißachten.
Und jetzt — jetzt dank' ich wieder, daß kein Drittes
In uns'ren Bund sich drängt, daß ich nur Dir,
Nur Dir allein mich weihen kann und darf,
Dein Schicksal theilend, wie es kommen möge.

Thassilo (sie umarmend).

O Du mein Weib! Du Einzige! Du Hohe!
Wie Du mich glücklich machst, Du weißt es nicht.
Doch ja, Du weißt es! Hättest Du auch sonst
In solchen Worten jetzt zu mir gesprochen?
So laß uns ziehen denn wie zwei Gestirne,
Die unzertrennlich sind auf ihren Bahnen! —
Bist Du bereit?

Luitberga.

Ich werde gleich —

Thaſſilo (in die Scene rufend).

Heda!

Heda!

(Gewappnete Edelknechte erſcheinen. Zu Einem :)

Die Frau'n der Herzogin!

(Zum Andern :)

Und Du

Die Pferde vor!

(Zum Dritten :)

Mir aber Helm und Schwert!

(Edelknechte ab. Zu Luitberga zurückkehrend.)

Sieh', Luitberga: Augenblicke giebt es,

Wo Alles, was das Leben bieten kann,

In e i n e r herrlichen Erfüllung gipfelt;

Doch nichts vergleicht ſich der Erkenntniß Wonne,

Daß ſich zwei Menſchenherzen ganz verſteh'n!

(Die Frauen Luitberga's erſcheinen und werfen ihr ein Reitkleid über,
während ſie ſich ſelbſt eine helmartige, mit kleinem Diadem geſchmückte
Kopfbedeckung aufſetzt. Edelknechte wappnen Thaſſilo. Draußen kurze
Trompetenſignale.)

Thaſſilo.

Nun denn, wohlan, Du ſchöne Amazone!

Dein Zelter wiehert, die Trompeten rufen —

(Blicke umher werfend.)

Leb' wohl, Du meiner Väter Burg, leb' wohl!

Der letzte Agilolf verläßt Dich jetzt —

Und nur den Sieger nimmſt Du wieder auf!

((Er reicht Luitberga die Hand und geht mit ihr, während die Andern
folgen, unter leicht anſchwellenden Trompetenklängen ab.)

Neunte Scene.

Rotrudis (tritt aus dem Gange rechts und blickt ihnen
schweigend nach; dann:)

Zieht hin! Zieht hin! In Eu'r Verderben zieht!
Ich folg' Euch, wie mit düst'rem Flug die Eule
Schon in der Dämmerung der Beute folgt —
Und wenn es Nacht ist, sehen wir uns wieder!

(Der Vorhang fällt.)

Ende des vierten Actes.

Fünfter Act.

Eine Abtheilung der königlichen Zelte im Lechgefild. Kurze
Bühne. Eingang in der Mitte; ein zweiter rechts, mit einem
Vorhang geschlossen. Nacht; Fackelbeleuchtung.

Erste Scene.

Eginhard sitzt an einem Feldtisch, das Haupt auf die Hand gestützt. Gerold,
neben ihm stehend. Wittekind tritt rasch durch die Mitte ein.

Gerold.

Ha, Wittekind!

Wittekind.

Ich bin's. Und schlimme Nachricht
Bring' ich Euch mit.

Eginhard (sich erhebend).

Was ist es?

Gerold.

Sprich!

Wittekind.

Das Heer,
Das gen die Alpen zog — es ist geschlagen.

Eginhard.

Geschlagen?

Gerold.

Was!?

Wittekind.

Geschlagen und zertrümmert
Vom Schwert der Baiern und der Longobarden.

Gerold.

Es ist nicht möglich!

Wittekind.

Und doch wahr. Ich selbst
Auf meinem Wege traf noch Flüchtige,
Die sich nach allen Seiten hin zerstreut.

Gerold.

Geschlagen! — Hat es Aistulf überlebt,
Dem unser König dieses Heer vertraut?

Wittekind.

Er fiel; und mit ihm sank der Baiern Führer
Idwin.

Eginhard.

Wie aber kam's?

Wittekind.

Sie waren schon
Bis gegen Chur in Eile vorgerückt —
Da stießen auf die Macht der Baiern sie,
Die an der Straße lagen. Schwankend zog,
Unsicher schwankend sich der Kampf dahin
Zwei Tage lang. Am dritten glaubte Aistulf
Schon an den Sieg —

Gerold.

Da — Gottes Tod!

Wittekind.

Da zeigten,

So wie vom Sturmesflug herangetragen,
Die Schaaren sich des Herzogs von Friaul —
Und nun geschah, was nicht zu ändern war.

Eginhard.

Und Herzog Rotgaud? —

Wittekind.

Ist im Anzug schon
Mit seinem Heer und mit dem Rest der Baiern.
Ihr könnt ihn übermorgen, ja vielleicht
Schon morgen hier am Lech erscheinen seh'n.

Gerold.

Es ist verzweifelt! Nun, wenn das den Herrn
Jetzt nicht aus seinem Brüten weckt; wenn er
Nicht unverweilt auch wie ein Wettersturz
Vernichtend herfällt über Thaſſilo:
So wird es uns, Ihr Freunde, hier ergeh'n,
So wie bei Chur dem Aiſtulf — und wir können
Froh sein, wenn wir in Sicherheit den König
Zurück nach Neuſtrien bringen — oder sonſt
Wohin!

Wittekind.

Wie? Was ist das?

Gerold.

Denn gestern schon
Hat uns ein Brief, der, von Verrätherhand

Geschrieben, aus des Herzogs Lager eintraf,
Eröffnet, daß auch die Avaren jetzt,
Die, unentschieden, lang genug gezögert,
In Sicht gekommen.

Wittekind.

Mög' ich in die Nacht
Des Todes sinken, wenn ich Euch begreife!
Ist denn hier nichts — auch gar nichts noch gescheh'n?
Zu spät zu kommen hab' ich schon gefürchtet;
Denn diesen Kampf hätt' ich, wie keinen sonst,
Noch gerne mitgekämpft — und nun —

Gerold.

Kommst Du
Vielleicht noch eben recht, mit anzuseh'n,
Wie man sich selbst dem Feinde überliefert.

Wittekind.

Bin ich von Sinnen —

Eginhard.

Nun, Du kannst es werden.
(Zu Gerold.)
Du siehst, er weiß noch nichts.

Gerold.

So sag's ihm, Kanzler.

Eginhard.

Du bist im Zuge; mir verschlüg's die Worte.
(Nach rechts weisend.)
Doch sprich jetzt leiser; dieser Gang, bedenk' es,
Führt in das königliche Zelt hinüber.

Gerold.

Nun denn, Westphale, hör', was sich begeben,
Und rufe Deine alten Götter an,
Denn mit dem uns'ren rechnet man umsonst.
(Kurze Pause.)

Du kennst die sich're Kraft, die rasche That
Des Herrn. In wenig Wochen waren schon
Versammelt und gerüstet auch die Heere —
Bereit, im Dreizack schleunig vorzurücken.
Aistulf, das weißt Du, zweigte rechts hin ab,
Indessen ich des Hauptheers linke Flanke
Mit meinem Reitervolk zu decken hatte.
Schon waren wir den Grenzen Baierns nah,
Und wenn wir jetzt — so wollte es der König —
Mit Aufgebot des Aeußersten und auch
Des scheinbar fast Unmöglichen an Eile
In's Land gebrochen wären: hätten wir
Die ganze Macht des Herzogs rasch erdrückt,
Der erst in Dingolfing die Streiter zählte,
Die nach und nach um ihn sich sammelten.

Wittekind.

Nun und? Nun und?

Gerold.

Da trifft mit einem Mal
Die Nachricht ein: des Königs ält'ster Sohn
Pipin — (hält inne.)

Wittekind.
So sprich doch, sprich!

Gerold.

Des Königs Sohn
Pipin, von Bernhard, jenem Enkel Karlmanns,
Der zu Clermont im Kloster sitzt, gestachelt —
Und frech verführt von Aquitaniens Großen,
Hab' es gewagt, die Krone dieses Landes —
Das ihm doch zugesagt, verbrieft gewesen —
Voll Ungeduld des Vaters Fernsein nützend,
Schon jetzt an sich zu reißen!

Wittekind (für sich).

Frankenblut.

(Zu Gerold.)

Und unser Herr?

Gerold.

Verleugnete sich nicht!
Auflodernd rasch in mächt'gen Zornesflammen,
Denkt er an nichts sonst, als den Sohn zu strafen,
Und will sofort zurück sich wenden — doch
Da folgt der ersten Nachricht schon die zweite:
Daß Held Roland, des Königs Stellvertreter
An der Garonne, des Aufstands Herr geworden —
Und eine dritte dann auch auf dem Fuße:
Daß sich der Jüngling, sei es nun aus Reue,
Sei's aus Verzweiflung, daß die That mißlungen,
Sich selbst den Tod gegeben.

Wittekind.

O Ihr Normen! —

Und jetzt?

Gerold.

Jetzt ist der Vater auch in ihm
Gebrochen.

Wittekind.

Und der König?

Gerold.

Scheint es gleichfalls.
Nachdem wir lässig nunmehr vorgerückt,
Sieht staunend uns das weite Feld des Lech's
Mit dumpf verlor'nem Sinne thatlos lagern,
Indeß der Herzog seine Macht entfaltet —
Und von den Zinnen schon der Veste Peuting
Die Herzogin dem Siege ihres Gatten
Erwartungsvoll entgegenblickt.

Wittekind (ausbrechend).

Laßt mich
Zu ihm!

(Will nach rechts.)

Eginhard (der bis jetzt gedankenvoll am Tische gesessen,
erhebt sich, ihm entgegen).

Nein, nein. Ich selber will zum König
Mit Deiner Nachricht, die Gelegenheit
Mir giebt, in seine Seele tiefer jetzt,
Als ich es früher konnte, einzugreifen —
Mit Vorsicht einzugreifen.

(Er lenkt die Beiden mit geheimnißvollem Winke bei Seite.)

Hört mich an.
Es ist unmöglich, daß der Herr, trotz Allem,
Was da geschehen, nicht erkennen sollte,

Daß er nunmehr den Streich zu führen hat,
Wofern er nicht sein Anseh'n — ja sein Reich
In Frage stellen will. In Aquitanien
Ist die Empörung zwar erdrückt; allein
Beispiel steckt an. Wer bürgt dafür, daß nicht
In Thüringen, in Alemannien
Der alte Haß sich rühren wird? Und Eins
Ist sicher: daß bereits die Dänen rüsten,
Um neuerdings, der Stunde Gunst erkennend,
Die nord'schen Grenzen feindlich zu bedroh'n. —
So wälzt der König auch — ich merkt' es wohl —
Seit gestern schon den reifenden Entschluß
In seiner Brust, und wenn er heut' noch säumte,
So war es nur, weil er noch überlegt,
Was mit dem Herzog, wenn er ihn besiegt,
Geschehen soll.

Gerold.

　　　　Kann da ein Zweifel sein?
Das Haupt herunter, wie es das Gesetz
Verlangt!

Eginhard.

　　　Gemach! Gemach! Der Herzog ist
Dem König blutsverwandt. Und nach dem Schlag,
Der uns'ren Herrn in's Vaterherz getroffen,
Steh' ich für nichts. Seit wir in Regensburg
Geweilt, hat überhaupt sich Manches schon
Geändert — und ich fürchte fast, er wird
Den Unterworfenen kaum mehr bestrafen.

Gerold.

Was?

Eginhard.

Wird ihm Baiern lassen, wie bisher,
Wenn auch mit Vorbehalt der Heeresfolge —
Und so kann auch des Reiches off'ne Wunde
Sich nimmer schließen. Denn dies Herzogshaus
Wird stets von neuem widerspenstig sein.
Zwar ist der Fürst der letzte Agilolf;
Jedoch wer weiß, ob nicht die Longobardin
Ihm den willkomm'nen Spätling noch gebiert.

Wittekind (tonlos).

Das fürchtet nicht. Denn Herzog Thässel fällt,
Sobald im Kampf die ersten Schwerter blitzen.

Eginhard.

Versteh' ich Dich? Bei Gott, ich sag' nicht nein.
Der König aber wird es streng verbieten,
Daß man ein Haar auf seinem Scheitel krümme.

Wittekind.

Er soll's verbieten — doch ich werd' es thun.
Das Haupt erheben durfte Keiner mehr,
Wo Wittekind das seine schon dem Joch
Gebeugt.

Eginhard.

Horch! Still! Der König, scheint es, kommt
Hierher. Kein Wort mehr, keinen Laut — er ist's!

Zweite Scene.

König Karl von rechts.

Karl.

Wo bist Du, Wittekind?

Wittekind.

Hier bin ich, Herr.

Karl.

Vernommen hab' ich Dich — und was Du brachtest,
Denn ringsum schwieg die Nacht. Aistulf geschlagen!
Wir dürfen hier ein Gleiches nicht erleben. —
Gerold!

Gerold.

Herr!

Karl.

Man beginne sich zu rüsten
Im Lager.

Gerold (freudig).

O mein König!

Karl.

Endlich! willst
Du sagen. — Aber ohne Lärm, in aller Stille.
Der Morgen naht; ich gebe bald das Zeichen
Zum Angriff.

(Gerold ab.)

Wittekind, Du wirst im Kampf
An meiner Seite bleiben — so als hätt' ich
Mein Leben Dir vertraut. Nicht einen Fuß
Breit soll Dein Rappe von dem meinen weichen!

Wittekind (nach kurzem Schweigen).
Es wird geschehen.

(Ab.)

Karl.

Dich aber, Kanzler, hab' ich
Um Manches noch zu fragen. Geh' indessen
Hinüber in mein Zelt. Du findest dort
Ein Schreiben, das ich vorhin aufgesetzt.
Es ist gerichtet an den Dänenkönig.

Eginhard.

An König Gottfried?

Karl.

Ja. Ich will ihn bitten,
Er möge Frieden halten, wie sein Name
Es doch verspricht — und wie er selbst es mir
So oft versprochen hat.

Eginhard.
Du bittest ihn?

Karl.

Du hörst. Geh' nur voraus und lies.
(Eginhard ab nach rechts.)

Dritte Scene.

Karl allein.

Karl.

Um Frieden! — Ja, dies sei der letzte Kampf.
Der letzte? Endet es? Kann es denn enden?

Wir haben Blut gesä't und Blut geht auf.

(Schritte in Gedanken.)

So hätten Jene, die mich hassen, Recht —
Und Alles, was ich da gewollt, erreicht,
Erwiese sich als Werk nur der Vernichtung,
Nicht der Verjüngung? Sehen müßt' ich nun,
Wie man zertrümmert, was ich selbst aus Trümmern
Mir aufgebaut? Kein ruhiges Beharren —
Ein steter Wechsel nur, ein ewiges
Verschlingen und Verschlungenwerden — —

O!

Wie all' die Fäden ineinander greifen,
Wie Eins das Andere bewegt und bringt —
Wie jede Schuld sich rächt! —

Mein Sohn Pipin,

Hebst Du das bleiche Haupt? Hast Du bezahlt
Das Leben jenes nichtigen Rothar,
Den Thassilo erschlug? Hast Du bezahlt
Das Erbe, das man ihm geraubt?

Geraubt?!

(Umblickend; stark.)

Wer sprach das Wort? — Sein Vater war ein Bastard,
Erwiesen ist's — und also fiel sein Anspruch!
Und wär' er ächt gewesen, mußt er fallen!
Denn dieser zweite Bruder war zu viel
Für meinen Vater — wie's mein Bruder Karlmann
Für mich gewesen. Oder mußt' ich es
Wie ein Verbrechen büßen, daß ich ihn,
Den Schwächling, zwang, der Krone zu entsagen?

Und ſollte ſich's an m i r zu ſtrafen haben,
Daß meine Väter Baiern unterworfen? — —

O daß es Stunden giebt, wo alle Schatten
Auftauchen plötzlich der Vergangenheit
Und unſ'rem eig'nen Blick das Licht verhüllen,
Das unſer Daſein wirft! O daß ich ſelbſt
Jetzt ſolche böſe Stunden haben kann,
Wo Alles Unrecht ſcheint, was nicht im Einklang
Mit jener matten Herzensweichheit ſteht,
Die J e d e m Recht thun will — und nicht bedenkt,
Daß ſie ſich ſelber nur zum Opfer bringt. —
Beim Himmel, ja! Ich that nur, was ich m u ß t e!
Und immer klarer hab' ich's zu erkennen,
Wenn ich mein Weſen nicht vernichten will:
Denn keine Größe giebt es ohne Schuld.

(Sich hoch aufrichtend.)

Fall' ab von mir, fall' ab, ohnmächt'ge Schwäche!
Noch bin ich K a r l, der Franken K ö n i g bin ich,
Der aufrecht halten muß, was er vollbracht!

(Raſch ab nach rechts.)

Verwandlung.

Hochgelegener Waffenſaal in der Veſte Peuting am Lech. Eingang
durch die Mitte. Die rechte Seite der Bühne bildet eine Wand
mit zwei hohen und ſchmalen Bogenfenſtern, die ſich nahe an
einander befinden. Am äußerſten Ende die Ausbauchung eines

Thurmes sammt Eingang. Links ein offener Bogen, zu welchem
einige Stufen hinanführen. Unweit davon, fast ganz im Vordergrund, ist an der Wand ein großes Cruzifix angebracht; ein
Betschemel darunter. Eine Ampel brennt.

Vierte Scene.

Worado, der Vogt, mit einer Leuchte, und ein **Edelknappe** Thaffilo's kommen
aus dem Hintergrund.

Worado.

Nun, junger Fant, Dir wird die Zeit schon lang?

Edelknappe.

Ich leugn' es nicht.

Worado.

   Ja, wenn man warten soll
Bis Liebe sich beim Abschied satt geküßt —
Da wartet man. Was seufzest Du?

Edelknappe.

     Ich dachte
An Dies und Das —

Worado.

    Und an ein Kind vielleicht
Mit braunen oder blonden Haaren? Freilich,
Das pflegt in Deinem Alter man zu thun
Vor einer Schlacht. Ich hab' es auch gethan
Zu meiner Zeit. Es ist doch stets dasselbe,
Und Alles Wiederholung, wie's auch kommt.
Als ich so frisch, wie Du, war ich der Knappe

Des Herzogs Grimoald; dem folgte dann
Der Herzog Odilo, und dann —

Edelknappe.

Sie kommen!

(Ziehen ſich beide ganz in den Hintergrund zurück.)

Fünfte Scene.

Thaſſilo und Luitberga kommen die Stufen herunter.

Thaſſilo.

Jetzt aber fort! Leb' wohl, mein Weib!

Luitberga (in der Umarmung).

Leb' wohl!

Thaſſilo.

Wie kann ich geh'n, wenn Du zurück mich hältſt?
Den letzten Kuß!

Luitberga.

O Thaſſilo!

Thaſſilo.

Nein, ranke

Die weißen Arme nicht um mich! Zu lang,
Zu tief verſank ich ſchon in dieſe Stunde,
Die meiner Herzogspflicht ich abgeſtohlen.
Du lächelſt?

Luitberga.

Ja, vor Seligkeit! O ſieh',

Iſt's denn nicht wunderbar, mein theu'rer Gatte,
Daß uns im Herbſt — in unſ'rer Jahre Herbſt

Ein solcher Frühling noch erblühen konnte?
Wo and're Herzen mälig schon verlöschen,
Da lodern uns're erst in Flammen auf!

Thassilo.

Haushält'risch waren wir gar lang, mein Kind,
Und nun verschwenden wir. — Doch es ist Zeit.
Der Morgen naht — und wenn er leise graut,
Rück' ich zum Angriff vor.

Luitberga.

So bald? Schon jetzt?

Thassilo.

Was schauderst Du?

Luitberga.

Schaudern? Ich? Kühl ist's hier
Im Saal — — und dann, ich meine nur, ob Du
Nicht doch vielleicht die Ankunft der Avaren
Erwarten solltest — oder Herzog Rotgaud —

Thassilo.

Nein, nein, mein Herz. Ich muß zuvor ihm kommen.
Denn eine inn're Stimme sagt es mir,
Daß Karl heut' loszubrechen denkt. Er hätte
Mich längst schon überfallen, wenn das Schicksal
Nicht seines Sohnes — — Luitberga, sieh':
Auch das ist wunderbar. Du hörst mich nicht?

Luitberga.

O doch! O doch!

Thassilo.

Wir werden kämpfen müssen —
Wie Löwen kämpfen, nicht vom Platze weichend,

Bis uns die Hilfe kommt. Im Nothfall auch
Kann ich zurück in diese Burg mich werfen —
Dann aber sehen wir ja bald uns wieder!

Luitberga.

In diese Burg —

(Rasch.)

Leb' wohl!

Thassilo.

Leb' wohl!

(Schritte zum Abgehen.)

Luitberga (nachrufend).

Leb' wohl!

Thassilo (sich noch einmal zurückwendend und Luitberga
umarmend).

Leb' wohl!

(Rasch ab mit dem Knappen und dem voranleuchtenden Vogt.)

Luitberga (eilt ihm einige Schritte nach und streckt noch einmal,
wie um ihn zurückzuhalten, die Arme aus. Sie besinnt sich aber und
kehrt langsam zurück).

So bald — schon jetzt —

(An ein Fenster tretend.)

Noch ist es Nacht. —

Da sprengt

Er hin auch durch die Dunkelheit. Ich sehe
Sein weißes Roß — jetzt noch die Rüstung schimmern —
Und nun hat ihn die Finsterniß verschlungen.

(Einige Schritte vom Fenster weg.)

O daß es tagen muß!

(Unwillkürlich nach dem Fenster blickend.)

Ha! Dort im Osten

Ein fahler Streif schon —

(Näher an's Fenster.)

Ueber dem Gefild

Webt es geheimnißvoll in trüben Nebeln —
Die Mauerschwalbe zwitschert — es wird Licht!

(Vom Fenster weg.)

Und hier erlosch die Ampel. — Grau in Grau
Seh' ich die Wände und die Pfeiler ragen —
Allmächt'ger Gott!

(Sich gewaltsam faffend.)

Wie ist mir denn? Woher

Die Angst? Wo blieb die Kraft des Heldenweibes,
Das sich vermaß, den Gatten lieber todt ....

(Schaudert zusammen.)

Wer kommt? Der Vogt.

Sechste Scene.

Worado kommt zurück, ohne Licht.

Luitberga.

Ist es schon Tag?

Worado.

Du siehst

Mich ohne Leuchte, Herrin — und so dämmert's.

Luitberga.

Du, Alter, hast in Schlachten wohl gekämpft?

Worado.

In jeder, die des Herzogs Vater schlug.

Luitberga.

Des Herzogs Vater? Fiel der nicht am Lech?

Worado.

Du weißt's — und fragst mich?

Luitberga.

Und wie fiel er? Sprich!

Worado.

Ihn traf ein Pfeil.

Luitberga.

Ein Pfeil?

Worado.

Dort, wo am Halse,
Im heißen Drang des stürmischen Gefechts,
Dem Herrn die Panzerhaube losgegangen.

Luitberga.

Die Panzerhaube? Thassilo trägt keine!

Worado.

Wie meinst Du?

Luitberga.

Nichts — o nichts —

Worado (dem Fenster nahe).

Sieh', Herrin, jetzt —
O sieh', jetzt flammt das Morgenroth empor!
Im Feuer liegt das ganze weite Feld —
Ha, welch' ein Funkeln! Waffen rings und Schilde,
Die tausendfach die Strahlen wiederspiegeln.
Hörst Du das Wimmern? Das sind die Trompeten —
Die Schlachttrompeten — geb' uns Gott den Sieg!

Luitberga (am Fenster).

Welch' ein Gewog'! Die Erde dröhnt und bebt!

Worado.

Die Baiern rücken vor — Siehst Du den Herrn?
O ich erkenn' ihn wohl. Wie Silber glänzt er,
In einer Esse Schein, mit Roß und Harnisch! —
Verweile nur bei diesem Ausblick, Fürstin;
Ich aber will hinauf zur höchsten Zinne,
Damit mein Aug' die ganze Schlacht umfasse —
Wie wird Dir? Soll ich Deine Frauen rufen?
Da sind sie selbst.

Siebente Scene.

Gerbirga kommt mit anderen Frauen der Herzogin die Stufen herab.

Luitberga (sich stark aufrichtend).

Was wollt Ihr hier? Wer rief Euch?
Treibt Euch die Neugier — nun so geht mit Diesem
Dort in den Thurm hinauf. Fort, sag' ich, fort!
Ich will allein hier weilen.

(Die Frauen mit Worado ab in den Eingang des Thurmes.)

Achte Scene.

Luitberga allein.

Luitberga.

Ja, ich will's!
Ich will dem Kampf mit meinen Augen folgen,

Ich will den Sieg mit meinem Blick erreichen —
Des Gatten Sieg!

(Tritt an's Fenster.)

Nun wogt es her und hin —

Gold, Alles Gold, was früher Flamme war —
In Farben glüht es furchtbar prächtig auf.
Ich seh' Dich, Thassilo — ich seh' Dich wohl!
Nein, jetzt nicht mehr — und doch — dort wieder — dort —

(Unwillkürlich zurücktretend.)

Ich kann's — ich will's nicht länger mehr betrachten —
Wie Frevel dünkt es mich. Was ich vor Jahren
So oft im Geist erschaut voll Ungeduld,
Das greift mir jetzt, da es sich nun vollzieht,
Mit leisem Grau'n abmahnend an das Herz.
An jenem Fenster ist mein Platz nicht mehr.

(Umblickend.)

Dort vor dem Bilde des Gekreuzigten
Will ich in Demuth harren, bis die Kunde
Mir eingetroffen, wer den Sieg errang.

(Sie kniet vor dem Cruzifix nieder und senkt das Haupt auf die gefalteten Hände. Pause.)

Neunte Scene.

Notrudis tritt durch die Mitte ein.

Notrudis (nach vorn kommend).

Hier Alles leer und still —

(Erblickt Luitberga.)

Ha, dort!

Luitberga (das Haupt wendend).

Wer ist?

(Aufspringend.)

Du!

Rotrudis.

Ich. Erschrick doch nicht! Bei meinem Sohn!
Dich so zu sehen, hätt' ich nicht erwartet —
Auf Knie'n, gleich einer Büß'rin hingestreckt!

Luitberga.

Ich thue stets, was Dir geziemt — und so
Gleicht es sich aus.

Rotrudis.

Nun wieder stolz! Das stimmt
Schon besser zu dem Bilde, das ich mir
Von Dir entworfen — bis Verzweiflung käme,
Die mir, das merk' ich, längst vorausgeeilt.
Laß Dich nicht stören. Birg nur dort Dein Haupt
So wie der Vogel Strauß; ich will indessen
Von jenen Fenstern aus ein Schauspiel mir
Betrachten, das zu seh'n Du fürchtest.

(Geht an's Fenster.)

Luitberga.

Fürchten?

Wo Du jetzt stehst, stand ich vorhin.

Rotrudis.

Vorhin!

Doch nun, da die Entscheidung naht, hat's Dich
Im sich'ren Vorgefühl des Untergangs,

Saar, Thassilo.

9

Der Deinen Gatten trifft, hinweggetrieben.

(Hinausblickend.)

Ha! Ha! Ha! Ha!

Luitberga.
Was lachst Du?

(Nähert sich unwillkürlich dem Fenster.)

Notrudis.

Nun, ich lache,

Weil Du zur rechten Zeit an's Fenster trittst.
Siehst Du, wie sich die Reih'n der Baiern lichten —
Wie sie dem Feinde zu in Massen streben!

Luitberga.

Sie greifen an!

Notrudis.

Sie flieh'n zum Feind hinüber!

Die Schaaren sind's des Velas und des Andechs,
Die sich den Dank des Königs jetzt verdienen —
Und meinen.

Luitberga.

Sind's Verräther — nun so rechn' ich

Mit ihnen nicht. Sie mögen flieh'n! Nur um
So fester, siehst Du, drängen sich die And'ren
Um ihren Herrn, deß hocherhob'nes Schwert
Das Feld rings überblitzt. Siehst Du das Banner
Der Baiern neben ihm in Lüften flattern?!

Notrudis.

Das Banner sinkt!

Luitberga.
Du lügst!

Rotrudis.

Es ist gesunken!

Siehst Du es noch?

Luitberga.

Dort taucht es wieder auf!

Rotrudis.

Jetzt aber sinkt der Herzog!

Luitberga.

Wünsch' es nur!

Rotrudis.

Er ist gesunken!

Luitberga.

Nein!

Rotrudis.

Siehst Du ihn noch?

Luitberga (ihre Angst gewaltsam vor sich selbst verbergend).

Wer kann da seh'n im blendenden Gewirr —
Im Staub des Grundes, d'rin die Hufe wühlen;
Ein Chaos ist's —

Rotrudis.

Nein, nein: die Schlacht steht still!
Hörst Du, wie die Trompeten plötzlich schweigen?
Siehst Du, wie Einer dort in gold'ner Rüstung —
Das ist der König! — rasch heransprengt —

Luitberga.

O,
Der gold'nen Rüstungen sind viele!

Rotrudis.

Siehst Du,

9*

Wie ſich der Knäuel löſ't? Wie Alles jetzt
Hierher ſich nach der Burg bewegt —

Luitberga.

So war
Es vorbedacht! Mein Gatte wollte ſich
Zurück in dieſe Veſte werfen —

Rotrudis.

Wollt' er?
Nun denn, da muß ich volle Klarheit haben!
Von dieſen Fenſtern aus ſieht man nicht weiter,
Als man von einem Maulwurfshügel blickt.
Zur Zinne eilen will ich hoch hinauf —
Dort werd' ich gleich erkennen, was ſich da
Begeben hat, und wenn ſie, wie ich hoffe,
Mit einem todten Mann gezogen kommen —
So meld' ich's Dir!

(Eilt in den Thurm.)

Luitberga.
Entſetzliche!

(Pauſe.)

Wenn es — —
Doch nein! Doch nein! Ihr Haß nur ſieht, was er
Zu ſeh'n erſtrebt —

(Sieht hinaus; dann einige Schritte zurück.)

Mir flirrt es vor den Augen —

(Zuſammenſchreckend.)

Ha! Welch' ein Schrei — welch' ein Getöſ' —

Zehnte Scene.

Gerbirga kommt eilends und ganz verstört aus dem Eingang des Thurmes.

Gerbirga.

O Herrin,

Entsetzlich! Gräßlich!

Luitberga.

Was — was ist?

Gerbirga.

Laß mich

Nach Athem ringen — o, wie meld' ich's nur —
Rotrudis —

Luitberga.

Nun?

Gerbirga.

In wilder Hast erschien sie,
Wir ahnten's nicht, urplötzlich auf der Zinne,
Bis an die Mauerkrone dichthin eilend.
Dort beugt sie sich vornüber weit und blickt
Mit aufgeriss'nen, furchtbar starren Augen
Dem Zug entgegen, der der Veste naht.
Mit einem Mal — wir wußten nicht warum —
Lacht grell sie auf — und hebt den Arm und schreit:
Willkommen, Herzog Thassilo, willkommen!
Dein Weib erwartet Dich! Und dabei neigt
Und beugt sie sich, drängt mächtig an der Zacke,
An der sie lehnt, als wollte sie die Zinne
Den Kommenden entgegenschieben — da

Weicht auch des Vorsprungs morschendes Gestein

Aus morschen Fugen — bricht — und prasselnd stürzt es;

Und sie, die Schreckliche, unfähig, sich

Zu halten mehr, stürzt mit — und stürzt hinunter —

Hinunter in die grauenvolle Tiefe!

(Pause.)

Luitberga.

Gerechter Gott!

Elfte Scene.

Worado kommt mit den andern Frauen in großer Bestürzung aus dem Thurm.

Worado (zögernd).

Herrin —

Luitberga (wie im Traum).

Was willst Du, Alter?

Worado.

Herrin, der Kampf ist aus.

Luitberga (wie früher).

Aus —

Worado.

Ja, sie nahen —

Luitberga (aufschreiend).

Mit einem Todten?

Worado.

Fürchte nicht das Aergste.

Verwundet wird der Herzog sein. Er ist

Querüber zweien Rossen aufgelegt.

Luitberga (verloren, tonlos).

Querüber zweien Roſſen aufgelegt —

Worado.

Die Herrn vom Traungau reiten neben ihm.
                    (Langgezogener Trompetenſtoß.)

Da kommen ſie —

Luitberga.

Steh' ſtill, mein Herz, ſteh' ſtill.

Zwölfte Scene.

Adelbert vom Traungau tritt durch die Mitte ein und läßt ſich auf ein Kni:
nieder.

Adelbert.

Erhab'ne Frau —

Luitberga.

Wofern Du Unheil mir

Zu künden haſt — ſo ſchweige. Fragen will

Ich Dich, und bleibſt Du ſtumm — ſo weiß ich's auch. —

Iſt Baierns Herzog todt?

Adelbert.
                    (Senkt das Haupt.)

Luitberga (nach einer Pauſe).

So bringt ihn hieher

Und legt ihn dort auf jene Stufen nieder,

Die erſt ſein Fuß mit meinem noch betrat! ·

(Sie ſteht hoch aufgerichtet da. Adelbert erhebt ſich und giebt ein
Zeichen nach rückwärts.)

·

Dreizehnte Scene.

Engilwan vom Traungau und vier Edelknechte tragen auf Lanzenschäften
die mit einem Mantel verhüllte Leiche Thassilo's herein.

Luitberga.

Dorthin — dorthin —

(Es geschieht.)

Geht jetzt — geht Alle — geht —

(Alle Uebrigen verlassen, mit Trauer und scheuer Theilnahme zurück-
blickend, den Saal.)

Luitberga (kniet an der Leiche nieder und entfernt leise und allmälig den Mantel vom Antlitz des Todten).

Mein Thassilo — mein Gatte — mein Geliebter!

(Betrachtet ihn.)

Sieh' da, die Wunde. Ja, hier traf ein Pfeil.
Von wessen Hand? Das gilt jetzt gleich. Vielleicht
Ist schuldlos auch der Schütze wie sein Bogen:
Er weiß es nicht, wem er den Tod gebracht. —
Es blutet kaum —

(Küßt ihn.)

Wie bleich! Wie schön! Mein Gatte,
Bist Du denn todt? — — Was ist der Tod?
Ein nicht'ges Ding, das Jeder haben kann,
So bald er will — auch ich! Auch ich!

(Die Leiche bis an die Hüfte enthüllend.)

Dein Schwert
Ist fort — doch hier am Wehrgehänge blieb
Der Dolch.

(Nimmt ihn an sich.)

Der Dolch ist für Dein Weib!

(Fanfare. Adelbert erscheint am Eingang.)

(Aufspringend.)   Der König?

Der Frankenkönig? — Laßt ihn ein! Denn schon
Erwartet hab' ich ihn.

(Sie steht in hoheitsvoller Haltung da.)

Vierzehnte Scene.

**Karl, Wittekind, Andechs, Velas, Abensberg, Gawin und Andere
treten ein.**

Karl.

Luitberga —

Luitberga.

Sei mir willkommen, König Karl!
Erinnerst Du Dich meiner Worte noch:
Daß ich den Gatten lieber todt zu Füßen
Dir sehen wollte, als an Deiner Brust?

Karl.

Du sprachst's — und ich: Versuch' den Himmel nicht!

Luitberga.

Hab' ich's gethan, so ist es jetzt gestraft.
Sieh' hin: dort liegt er.

Karl.

Mir zu tiefem Schmerz.
Und dennoch, wenn ich ihn jetzt so betrachte,
Beklag' ich's nicht — um seinetwillen nicht:
Er ging dahin, eh' er das Haupt vor mir
Gebeugt.

Luitberga.

Ich sehe, daß Du ihn erkannt.
Und also wirst Du nun auch mich erkennen
Und wissen, daß ich damals Eines nur
In meinem Stolz vergaß, hinzu zu fügen —
Doch mach' ich es dafür jetzt gleich zur That!

(Sie hat den Dolch gezogen und stößt sich ihn rasch und kräftig in die
Brust.)

Karl (mit Adelbert und Anderen ihr entgegen).

Halt ein!

Luitberga.

Zurück! Berührt mich nicht — berührt
Uns nicht!

(Sie wankt nach der Leiche hin und sinkt an ihr nieder.)

Mein Thassilo! So küss' ich Dich —
Und so — und so — zum letzten — letzten Mal —

(Stirbt. Große Pause).

Karl.

Sie sanken Beide ohne Qual und Reue,
Im Tode noch verklärt von jenem Traum,
Den sie im Leben träumten — laßt sie schlafen.

(Gegen die Anwesenden gekehrt.)

Jetzt aber Eines noch: Wer traf den Herzog?

(Schweigen.)

Weißt Du es, Wittekind?

Wittekind.

Ich weiß es, Herr.

Karl.

So sprich.

Wittekind.

In meines Volkes Heerbann ficht
Jetzt unter Deinen Fahnen auch ein Mann,
Den ich ſchon früher kannte. Diesen ſucht'
Ich auf heut' Nacht, da Du geboten mir,
Daß ich im Kampf an Deiner Seite bleibe,
Und ſprach zu ihm: Eriſtan, höre mich.
Ich weiß, daß Du in hohem Flug den Sperber
Niemals gefehlt — und auch den Adler nicht,
Wofern ihn noch Dein Pfeil erreichen konnte.
So triff auch in der Schlacht den Baiernherzog,
Den ich mit meinem Schwert nicht treffen darf.
Er will ſein Volk erhöh'n, indeß das unſ're
In Knechtſchaft ſank — Du ſiehſt: er darf nicht leben! —
Eriſtan hat's verſprochen — und er hielt's.

Karl.

Und wenn Du diesen Mann ſchon früher kannteſt
Und ſeines Bogens Sicherheit — warum
Haſt Du, als ich mit Euch im Kampfe lag,
Ein Gleiches nicht von ihm für mich gefordert?

Wittekind.

Ich that's!

(Allgemeines Erſtaunen.)

Ich that's in jener böſen Zeit,
Da man die Eresburg umzingelt hielt —
Und Du vor unſ'ren Augen, hoch zu Roſſe,
Der Sachſen Hort und uralt Heiligthum,
Die Irminſul, zu Boden ſchmettern ließeſt.
Eriſtan aber traf Dich nicht. Denn als

Den Pfeil er aufgelegt: da riß die Sehne
Des Bogens, den er schon nach Dir gespannt.
Ein Zeichen schien mir dies von unf'ren Göttern —
Und dieses Zeichen warf mich vor Dir nieder;
D'rum laß die That auf meiner Seele ruh'n,
Denn noch im Jenseits werd' ich sie vertreten.

(Trompetenstoß.)

Fünfzehnte Scene.

Gerold, rasch herein.

Gerold.

Herr, die Avaren nah'n! Am Horizont,
Gleich einer dunklen Wolke, sieht man sie.

Karl.

Wohlan! Wohlan! Nun wieder in den Kampf.
Wir haben Blut gesä't und Blut geht auf —
Daß es umsonst nicht fließe, walte Gott!

(Zu Andechs, Velas und ihren Anhang gewendet.)

Ihr aber, Herr'n aus Baiern, zeigt mir jetzt,
Daß Ihr auch kämpfen, nicht bloß fliehen könnt!

Velas (vortretend).

Was soll uns dies? Wir thaten unf're Pflicht;
Denn Du warst unser Herr und unser König!

Karl.

Ich bin's! Als solcher setz' ich hier im Lande
Zum Stellvertreter meiner Macht indessen
Den Herrn vom Traungau ein.

(Zu Adelbert).

Auch diese Leichen

Vertrau' ich Deiner Obhut, Adelbert —

Der Treue und, ich weiß, der Liebe Obhut.

Dann aber laß es D e i n e Sorge sein,

Die Longobarden aus dem Feld zu schlagen. —

Doch nun zu Pferd!

(Alle ab bis auf Adelbert und dessen Sohn Engilwan. Draußen laute
Fanfaren, die mehr und mehr verklingen. Pause.)

A d e l b e r t (sich langsam und mit schmerzlichen Blicken den Leichen
nähernd, zu seinem Sohne:)

Knie' nieder, Engilwan.

(Während Beide niederknieen und die Hände falten, fällt der Vorhang.)

Ende.

Leipzig, Walter Wigand's Buchdruckerei.

Georg Weiß, Verlag in **Heidelberg.**

Fulda, Ludwig, Die Aufrichtigen. Lustspiel.
M. 1. —.

Gensichen, O. F., Danton. Trauerspiel. M. 1. —.

Hofferrichter, Th., Vom Himmel zur Erde. Vierhundert Sonette. M. 5. —.

Kulmann, Elis., Dichtungen. Ausgewählt von Franz Miltner. Gebdn. M. 2. 80.

Oertzen, Georg von, Liebeslieder aus jungen Tagen.
M. 3. 50.

Schneegans, Ludwig, Maria, Königin von Schottland. Drama in 5 Aufzügen. M. 2. 80.

Sehring, Wilh., Vom Konzil zu Nicäa bis zum Westfälischen Frieden. Epigramme, Lieder und Jamben zur Geschichte der Menschheit.
Geh. M. 5. —; eleg. gebdn. M. 6. —.

Telmann, Konrad, Sonnenblicke. Arabesken.
Eleg. gebdn. M. 3. —.

Wickenburg-Almásy, Gräfin Wilhelmine, Emanuel d'Astorga. Erzählendes Gedicht. 2. Auflage.
Eleg. gebdn. M. 3. —.

— — **Marina.** Erzählendes Gedicht. Eleg. gebdn.
M. 4. 60.

Winckelmann's Geschichte der Kunst des Alterthums. Herausgegeben von Prof. Jul. Lessing. 2. Aufl.
Gebdn. M. 5. 20.

Georg Weiß, Verlag in Heidelberg.

Aus meiner Jugendzeit.

Erinnerungen
von
Heinrich Hansjakob.

Preis geh. 3 Mark, eleg. gebdn. 4 Mark.

Schwäbischer Merkur: Die ungemeine Frische, mit der diese Jugend=
erinnerungen und kleinstädtischen Geschichten dargestellt sind, das treffende
Urtheil über Personen und Zustände, an das sich mitunter Seitenhiebe auf
unsere moderne Bildung und Überbildung anreihen, machen das Buch zu einer
angenehmen Lektüre.

Badischer Beobachter: Dr. Hansjakob's Erinnerungen „**Aus meiner
Jugendzeit**" habe ich auf einen Sitz gelesen und nur den Fehler daran ge=
funden, daß 270 Seiten zu wenig sind, um den Leser müde zu machen: so an=
ziehend, frisch und interessant, unterhaltend und erheiternd ist das Büchlein
geschrieben.

Aus meiner Studienzeit.

Erinnerungen
von
Heinrich Hansjakob.

Preis geh. 3 Mark 50 Pf., eleg. gebdn. 4 Mark 40 Pf.

Straßburger Post: Hansjakob ist ein ganz vortrefflicher Erzähler, dessen
Buch wir mit immer gesteigertem Interesse gelesen haben und allen auf's wärmste
empfehlen, die für die wahrheitsgetreue, fesselnd vorgetragene, von köstlichem
Humor durchwebte Darstellung des Entwicklungsganges eines jungen Bauern=
burschen vom angehenden Bäckerlehrling bis zum Geistlichen, Gymnasialpro=
fessor und Abgeordneten Theilnahme empfinden.

Neue Frankfurter Zeitung: Mit sicherem, objektivem Griffel entwirft
der Verfasser das reizende Genrebild eines deutschen Gymnasiasten= und Stu=
dentenlebens mit seinen Leiden und Freuden vor unsern Augen. In diesem
Genrebild steckt aber auch ein gutes Stück Kulturgeschichte ꝛc.

Neue Preußische Zeitung: Kurz, wir haben uns an dieser „Ursprüng=
lichkeit", die nach der Lektüre so vieler politischer und belletristischer „Schnör=
keleien" ein wahres Labsal ist, einmal wieder recht erquickt.

Von demselben Verfasser erschien:

In der Residenz. Erinnerungen eines badischen Landtags=
abgeordneten. Preis 3 Mark.

In den Niederlanden. Reise=Erinnerungen. 2 Bände.
Preis 7 Mark 20 Pf.